Liberalismo e Democracia

O livro é a porta que se abre para a realização do homem.

Jair Lot Vieira

Norberto Bobbio

Liberalismo e Democracia

Tradução
Marco Aurélio Nogueira
Doutor em Ciência Política pela Universidade de São Paulo (USP).
Pós-doutor pela Universidade de Roma, Itália.
Livre-docente e professor titular pela
Universidade Estadual Paulista (Unesp).
Professor do Programa de Pós-graduação em Relações Internacionais
San Tiago Dantas (Unesp, PUC-SP e Unicamp).
Coordenador Científico do Núcleo de Estudos
e Análises Internacionais (NEAI), vinculado ao
Instituto de Políticas Públicas e Relações Internacionais da Unesp (IPPRI).
É colunista do jornal *O Estado de S. Paulo*.

edipro

Grafia conforme o novo Acordo Ortográfico da Língua Portuguesa.

1ª edição, 2ª reimpressão 2023.

Editores: Jair Lot Vieira e Maíra Lot Vieira Micales
Coordenação editorial: Fernanda Godoy Tarcinalli
Tradução: Marco Aurélio Nogueira
Editoração: Alexandre Rudyard Benevides
Revisão: Sandra Cristina Lopes Conesa
Diagramação e Arte: Ana Laura Padovan e Karine Moreto Massoca

Dados Internacionais de Catalogação na Publicação (CIP)
(Câmara Brasileira do Livro, SP, Brasil)

Bobbio, Norberto (1909-2004)
Liberalismo e democracia / Norberto Bobbio ; tradução Marco Aurélio Nogueira. – São Paulo : Edipro, 2017.

Título original: Liberalismo e democrazia.

Bibliografia

ISBN 978-85-7283-995-2 (impresso)
ISBN 978-85-521-0108-6 (e-pub)

1. Democracia 2. Liberalismo I. Título.

17-01259 CDD-320.51

Índice para catálogo sistemático:
1. Liberalismo : Ciência política : 320.51

edipro

São Paulo: (11) 3107-7050 • Bauru: (14) 3234-4121
www.edipro.com.br • edipro@edipro.com.br
@editoraedipro @editoraedipro

Nota dos editores

A presente obra foi traduzida a partir da edição italiana publicada em 2006 pela editora Simonelli.

A referida edição conta com um material adicional produzido pelo organizador Franco Manni: uma vasta Introdução, um extenso complemento à Bibliografia citada por Bobbio – importantes textos publicados sobre o tema no período de 1991 a 2005 –, e inclui, ainda, notas de rodapé que contribuem com maiores esclarecimentos acerca de expressões e autores citados ao longo da obra.

Tais notas foram indicadas no rodapé desta edição pela sigla "N.O.".

Sumário

Bibliografia

Introdução

Sem Liberdade vocês não poderão cumprir nenhum de seus deveres.
Onde ela está ausente, Justiça, Moral e Igualdade
não têm mais significado.
Giuseppe Mazzini

O Poder tende a corromper;
o Poder Absoluto corrompe absolutamente.
Lord John Emerich Acton

Lugares-comuns

Quase todos, quando – digamos, diante da televisão – ouvem algum político ou jornalista pronunciar as palavras "liberal", "democrático" ou "liberal-democrático", não conseguem distinguir seu significado. Às vezes nem sequer tentam fazer isso, como se dissessem a si mesmos:

> são termos técnicos e cabalísticos, o costumeiro abracadabra empregado por Aqueles-que-Sabem! Se eles próprios, os jornalistas e os políticos, usam estas palavras com tal desenvoltura e arbitrariedade, que devo fazer eu? Tentar esclarecer-me sozinho para então compreendê-las? Devo então me converter improvisadamente em cientista político?!

Desse modo, quase todos confundem as palavras e resignadamente as veem como se fossem sinônimos, com o que a confusão se torna a norma, a norma se torna incompreensível e a incompreensão se difunde por contágio – e eis que temos então um lugar-comum.

Certamente essa não é a única das disseminadas confusões de significado que cercam as palavras empregadas nos telejornais. Pensemos, por exemplo, na confusão entre "Estado", "nação" e "Estado nacional". Ou entre "nação", "etnia", "comunidade religiosa" e "raça". Ou entre "liberismo", "liberalismo" e "capitalismo". Porém, como se diz, devemos enfrentar uma coisa de cada vez. Aqui e agora, este presente volume de Norberto Bobbio pretende ser um antídoto contra uma confusão particular, na medida em que apresenta e distingue com clareza os antigos, veneráveis e sempre atuais conceitos de Liberalismo e Democracia.

Como se verá ao longo do texto, a democracia é uma das três respostas que costumam ser dadas à pergunta "quem detém o poder soberano? Ou seja: quem comanda o Estado?". A Monarquia responde: somente um! A Oligarquia responde: somente alguns, alguns poucos! A Democracia responde: a maioria, o "povo"!

O liberalismo, em vez disso, é uma das duas respostas que costumam ser dadas a outra pergunta, bem distinta: "como é exercida a soberania? Ou seja: de que maneira comanda aquele ou aqueles que comandam o Estado?". O Absolutismo[1] responde: quem comanda, comanda tudo, tem um poder ilimitado! O Liberalismo responde: quem comanda, comanda somente alguma coisa e não tudo, deve ter um poder limitado!

O liberalismo é, de fato, uma teoria e uma prática da limitação do poder soberano, seja quem for o Soberano: um único, alguns poucos ou a maioria. Seja quem for o soberano, em um Estado liberal, ele não pode impedir que o indivíduo professe a religião que deseja ou não tenha religião, critique oralmente ou por escrito aquilo que faz o Governo, manifeste-se nas ruas contra o Governo, associe-se em partidos que seguem uma política de oposição ao Governo, movimente-se livremente no território do Estado ou fora dele. Em um Estado liberal, o Governo

1. Variantes: Tirania, Despotismo, Autoritarismo, Ditadura, Totalitarismo.

não pode ordenar que sua polícia prenda um cidadão: a prisão e o processo são competências de um grupo de pessoas – a Magistratura – independente do Governo, porque se o Governo pudesse prender e processar os Cidadãos os liberais diriam que as primeiras vítimas da ação penal seriam os Opositores políticos do Governo, e não, evidentemente, os assassinos, os ladrões e os estupradores.[2]

Sendo as duas mencionadas perguntas – "quem é o soberano?" e "como o soberano comanda?" – bem distintas e heterogêneas entre si, as respostas a elas também o são, comportando-se ao longo da História como variáveis independentes: por exemplo, antes do século XVII todos os Estados não eram nem liberais nem democráticos; no século XIX, na Europa ocidental, havia Estados liberais mas não Estados democráticos; e hoje, nessa mesma região, existem Estados liberais e Estados democráticos. Mais inquietante – até porque mais diretamente se contrapõe ao lugar-comum que confunde liberalismo e democracia – é que a partir do século XIX, praticamente no mundo todo e também na Europa, passaram a existir Estados democráticos que não são liberais.[3]

Este último fenômeno havia sido previsto já em 1840 pelo pensador liberal Alexis de Tocqueville, que o chamou de "tirania da maioria". Grandes e esmagadoras maiorias de cidadãos de um Estado podem eleger um déspota que cancela a liberdade de imprensa, reprime os partidos de oposição e ordena prisões e execuções de opositores, poden-

2. As liberdades fundamentais do Liberalismo foram chamadas por Bobbio "as quatro grandes liberdades dos modernos": a liberdade pessoal (isto é, as garantias durante um processo penal) com a correspondente liberdade de circulação, a liberdade de expressão do pensamento, a liberdade de reunião e a liberdade de associação. Cf. BOVERO, Michelangelo. La libertà e i diritti di liberta. *In*: BOVERO, M. (Org.). *Quale libertà? Dizionario mínimo contro i falsi liberali*. Bari: Laterza, 2004. p. 16.

3. "Fato que explica, entre outras coisas, a distinção que existe entre um Estado liberal puro e um Estado democrático puro. Um Estado em que estivessem reconhecidos os principais direitos civis, mas o sufrágio fosse restrito, como havia por exemplo na Itália até 1912, podia ser apresentado como liberal mas não como democrático; por outro lado, um Estado com sufrágio universal pode, empregando os mesmos mecanismos da democracia, instaurar um regime iliberal, como ocorreu na Alemanha em 1933, quando o nazismo tomou conta do poder mediante eleições." BOBBIO, Norberto; PIERANDREI, Franco. *Introduzione alla Costituzione*. Bari: Laterza, 1981. p. 12.

do não somente elegê-lo uma primeira vez mas reelegê-lo outras vezes, apoiando-o de muitos modos com entusiasmo crescente e fanático. Não é fácil reconhecer tais fatos se a mente estiver bloqueada pelo poderoso lugar-comum que prega: "se uma ideia ou uma ação é aprovada pela maioria (de meus familiares, dos colegas de escola, dos correligionários, do meu grupo étnico, do 'povo') então ela é *justa*". E por isso, já que há milênios todos consideram a tirania uma coisa injusta, seria impossível existir algo semelhante a uma "tirania da maioria".

É verdade que todo indivíduo nasce e se forma no interior de, e graças a, muitas comunidades afetivas, religiosas, políticas e culturais: não é esse fato inquestionável que os liberais põem em questão! O problema é que para os liberais o indivíduo não deve abrir mão dos juízos de sua mente individual quando se confronta com qualquer comunidade.[4]

Com qualquer comunidade, mesmo aquela econômico-social, a assim chamada "classe". A propósito da União Soviética, Bobbio, no longínquo ano de 1954, recordava uma frase de Lenin – "a democracia proletária é mil vezes mais democrática do que qualquer democracia burguesa" – e comentava:

> [...] o problema é se, ao se afirmar que o Estado soviético é uma democracia e até mesmo uma democracia mil vezes mais democrática do que outras, se despreza a objeção de que ele é uma ditadura [...] no sentido específico em que a ditadura, como forma de governo, se distingue do regime liberal [...]. O contraste entre o regime soviético e os regimes ocidentais não é um contraste entre democracia e não democracia, ou entre maior e menor democracia, mas sim entre regime ditatorial e regime liberal. Não é, em suma, a maior democraticidade (seja no sentido de governo do povo ou de governo para o povo) que o liberal valoriza perante o comunista, mas a maior liberdade. [...] Confirma isso o fato de que a polêmica frase de Lenin ("a democracia proletária é mil vezes mais democrática do que qualquer democracia burguesa"), que pode soar excessiva mas não é contraditória, soaria falsa se a reescrevêssemos de outro modo: "a democracia proletária é mil vezes mais *liberal* do que qualquer democracia burguesa".[5]

---

4. Cf. VITALE, Ermanno (com prefácio de Michelangelo Bovero). *Liberalismo e multiculturalismo. Una sfida per il pensiero democratico*. Bari: Laterza, 2000. p. VII, VIII, 5 e 97.

5. BOBBIO, Norberto. *Política e cultura* [1955]. Introdução de Franco Sbarberi. Turim: Einaudi, 2005. p. 130-1. (Grifos no original) [Ed. bras. *Política e cultura*. Trad. Jaime Clasen. São Paulo: Editora Unesp, 2015.]

O lugar-comum segundo o qual a maioria não pode errar está sempre impregnado de moralismo e trabalha com chantagens sentimentais: por acaso não é moralmente muito mais "nobre" abandonar o próprio juízo individual "egoísta" e se entregar à vontade da Família, da Igreja, da Pátria? Vejamos o que dizia Saint-Just, braço direito de Robespierre, ou seja, do líder dos revolucionários durante a Revolução Francesa:

> Os filhos pertencem às mães até os cinco anos, desde que ela os tenha alimentado; e depois à república, até à morte. Quem declarar que não acredita na amizade deve ser banido. Todo homem com 21 anos deve declarar publicamente quem são os seus amigos; tal declaração será renovada todos os anos, no mês de Ventoso*. Os amigos devem ser postos lado a lado nas batalhas. Aqueles que permanecerem amigos durante toda a vida serão recolhidos na mesma tumba. Os amigos obedecerão ao luto um do outro. Se um homem comete um delito, seus amigos serão banidos. Os amigos não podem fixar por escrito seus compromissos e obrigações; não podem mover causas entre si. Se um homem abandona um amigo, é obrigado a prestar contas disso a todo o povo no templo. Se um homem não tem amigos, é banido.[6]

Para além das chantagens sentimentais e pseudomorais, os liberais clássicos (como John Locke, Benjamin Constant, John Stuart Mill) sempre desconfiaram do Poder e, portanto, sempre indicaram como ele deve ser controlado e limitado. Em vez disso, as várias teorias comunitaristas (religiosas, nacionalistas, fascistas ou comunistas), apoiando-se no princípio central da democracia, qual seja, o de que a maioria tem razão, não manifestaram tal desconfiança. Como escrevia Bobbio: "A doutrina liberal faz do problema do abuso do poder o centro da sua reflexão, ao passo que a doutrina comunista geralmente o ignora".[7]

Sim, o Poder. Como diz a famosa e (ao menos no mundo anglo-saxão) exaustivamente repetida frase de um liberal do século XIX, Lord Acton: "O Poder tende a corromper; o Poder Absoluto corrompe absolutamente".[8]

---

*. Ventoso era o sexto mês no calendário revolucionário francês, entre fevereiro e março. (N.T.)

6. SAINT-JUST, Louis de. *Frammenti delle istituzioni republicane*. Turim: Einaudi, 1975. p. 213-6. Apud VITALE, Ermanno. *Liberalismo e multiculturalismo*, p. 104.

7. Apêndice a *Política e cultura*, p. 262. Cf. sobre esse ponto a Introdução de Franco Sbarberi, p. XL-XLI.

8. "*Power tends to corrupt; Absolute Power corrupts absolutely*". Escreveu Karl Popper: "o excessivo poder político leva a situações em que os erros políticos não podem mais ser

E nunca como no final do século XX e no início do século XXI tantas pessoas se deram conta disso: jamais como hoje os intelectuais estudaram e criticaram com um finalmente alcançado desencanto *todos* os tipos de autoritarismo (fascista, comunista, religioso, populista), nunca como hoje existem e funcionam associações dedicadas à defesa dos direitos civis e à denúncia de sua violação, jamais como hoje se mobilizaram tantas manifestações e passeatas de massa em defesa desses direitos.[9]

Inúmeras pessoas se deram conta disso? Certamente elas formam sempre uma clara minoria, mas são mais expressivas do que em épocas históricas precedentes. E isso, entre outras coisas, porque o século XX – que foi o século do sufrágio universal[10] –, ao distribuir o poder político para as massas, permitiu que muitos, mais do que no passado, percebessem o que é o poder, já que o poder das massas também é o *próprio* poder, para o bem e para o mal, no sucesso ou no desastre.

Há quem, como Michael Mann, chega mesmo a pensar que as limpezas étnicas e os genocídios do século XX são efeitos diretos da democracia, dela constituindo o "lado escuro".[11] E há quem, ao contrário,

---

pesquisados. Mesmo se supusermos que aqueles que detêm o poder estejam inspirados por um puro altruísmo (mais que pela intenção de permanecer no poder), seu poder tenderá a evitar a pesquisa e a correção crítica do erro até quando for possível fazê-lo". *Miseria dello storicismo* [1944]. Milão: Feltrinelli, 1997. p. 10. [Ed. bras. *A miséria do historicismo*. Trad. Octany S. da Mota & Leonidas Hegenberg. São Paulo: Edusp, 1980.]

9. Acrescento um indício de tipo mais indireto e excêntrico: várias, sistemáticas, prestigiosas, independentes e recentes sondagens indicaram que *O Senhor dos Anéis*, de Tolkien, além de ser o mais lido é também o romance mais amado pelos leitores dos dias atuais. Este romance tem no centro a fuga radical perante o Poder. Tom Shippey, o melhor comentador de Tolkien, escreve que a ideia de que o Poder não é um instrumento neutro mas tende ao mal não é uma ideia antiga, medieval ou moderna, mas é defendida e apreciada somente pelos nossos contemporâneos. (Cf. SHIPPEY, Tom. *J. R. R. Tolkien autore del secolo*. Milão: Simonelli Editore, 2004. p. 43-4; e SHIPPEY, Tom. *The Road to Middle Earth*. Londres: Harper Collins, 1992. p. 125.)

10. Trata-se de um fato histórico, mesmo que não se veja porque deva ser um indiscutível dogma da Ética ou da Teoria Política. Vitale, por exemplo (*Liberalismo e multiculturalismo*, p. 45), fala da "esfinge que, a propósito da própria democracia procedimental, nos apresenta hoje a seríssima questão acerca dos critérios que tornam razoável essa conquista recente que é o sufrágio universal".

11. MANN, Michael. *Il lato oscuro della democrazia*. Milão: Università Bocconi Editore, 2005. p. IX, 2-4, 194, 584 e 621.

como Norberto Bobbio, que mesmo admitindo que não se poderia aceitar uma democracia privada dos direitos invioláveis postos pelo Liberalismo, considerava "pouco provável que um Estado não democrático seja capaz de garantir as liberdades fundamentais".[12] É verdade que a Inglaterra do século XIX era, por certo, oligárquica (na medida em que somente um pequeno percentual de cidadãos tinha direito de voto), e também que defendia tais direitos fundamentais egregiamente e melhor do que alguns Estados a ela contemporâneos, que já haviam estabelecido o sufrágio universal masculino. Mas também é verdade que o processo dinâmico daquela Inglaterra oitocentista se *movia* constantemente em direção ao alargamento do sufrágio, quase a demonstrar – ao menos aos olhos de quem está propenso a sustentar essa tese – que para continuar a manter e a ampliar a defesa dos direitos de liberdade em uma sociedade sempre mais massificada (industrializada, urbanizada e alfabetizada) seria necessário um controle dos atos oligárquicos por parte de estratos sempre mais ampliados de cidadãos.

Com efeito, todos os liberais clássicos dos últimos dois séculos compreenderam o perigo da "tirania da maioria" em uma democracia "pura", ou seja, privada de liberalismo, e portanto escaparam da idealização do "povo bom". Alguns deles, porém – como J. S. Mill, Croce, Popper e Bobbio, por exemplo –, evitaram firmemente fazer o elogio da Oligarquia, das Elites Iluminadas, de uma Nova Aristocracia, quase sempre não mais fundada

12. BOBBIO, Norberto. *Il futuro della democrazia* [1984]. Turim: Einaudi, 1995. p. 6-7 [Ed. bras. *O futuro da democracia*. 13. ed. revisada. Trad. Marco Aurélio Nogueira. Rio de Janeiro: Paz e Terra, 2015. p. 38-9.]. Na democracia – que para ele somente é considerada como tal, como "definição mínima", se for liberal – Bobbio não vê tanto a possibilidade do "tirano coletivo" quanto a possibilidade de um Estado "where power is dispersed", no qual o poder não é destruído mas fracionado, na medida em que "relating power to the autonomy of individuals, Bobbio argues that, without power, individuals are at the mercy of those with power and their life is not their own, it is someone else's".* Ver TERCHEK, Ron. *Whose Realism? Whose Reality?* (preparado como apresentação na Annual Meeting of the American Political Association, São Francisco, 2001, *on-line*, p. 20), um ensaio sobre "democratic realism" e sobretudo sobre Norberto Bobbio.

*. Em inglês no original: "Relacionando o poder à autonomia dos indivíduos, Bobbio argumenta que, sem poder, os indivíduos estão à mercê daqueles que têm poder e sua vida não é propriamente sua, mas de outra pessoa". (N.T.)

no sangue e na propriedade, mas na cultura. O próprio Bobbio observa, com particular agudeza, como a ideia liberal, após a lição de Karl Popper, não mais empregou a metáfora derivada do Iluminismo do século XVII, da "luz" que clareia as "trevas", passando a usar a metáfora da "abertura" como situação contraposta ao "fechamento":[13] abertura (em direção a um mais vasto pluralismo de ideias, pessoas, decisões, situações) que, ao menos como *possibilidade*, mostra-se maior em uma sociedade democrática do que em uma sociedade oligárquica. Nesses pensadores liberais incidiram – como exemplo negativo – as experiências do século XX tanto teórico-retóricas quanto práticas das "aristocracias raciais", das "elites econômicas", dos "*happy few* intelectuais", das "vanguardas escolhidas da revolução", à prova de fatos nefastos para todos.

Por exemplo: o aristocratismo dos "*happy few* intelectuais"! Quanta miopia intelectual e quantas perversões morais derivaram dessa ideia e dessa prática durante o século XX! Martin Green e John Carey escreveram a respeito livros bem documentados,[14] mas muitos outros ainda seria preciso escrever e divulgar até que se tornasse possível, finalmente, se desembaraçar desse particular lugar-comum do século XX. É especialmente eloquente o caso, recordado por Carey, de alguns intelectuais comunistas: seu elitismo e seu forte desprezo pelas "pessoas comuns" parecem evidenciar que toda oligarquia fechada tende a se degenerar, seja qual for a ideologia professada.[15]

Portanto, nem todo liberal, para escapar do manifesto lugar-comum que idealiza o Povo, precisa cair no mais oculto, mas não tão oculto assim, lugar-comum que idealiza a Elite. Desconfiar da "tirania da maioria" não significa de modo algum defender ou sugerir uma "tirania da minoria".

---

13. BOBBIO, Norberto. *Il futuro della democrazia* [1984]. Turim: Einaudi, 1995. p. 119.

14. GREEN, Martin. *Children of the Sun: a Narrative of "Decadence" in England after 1918*. Londres: Constable, 1977; CAREY, John. *The Intellectuals and the Masses* [1992]. Chicago: Academy Chicago Publishers, 2002.

15. CAREY, John. *The Intellectuals and the Masses*, p. 39-45.

Mas também temos experiências, uma história a ser observada

Como prática política, o liberalismo nasce com as duas Revoluções inglesas do século XVII, que desde então se difundiu lentamente nos países ocidentais. Esta difusão foi intercalada por dramáticos bloqueios e reações. Por exemplo, Benedetto Croce escreveu *Storia d'Europa del secolo XIX* [História da Europa do século XIX], propondo a seus leitores a comovente e potente trajetória do liberalismo oitocentista, no mesmo momento – nos Anos 1930 – em que a reação fascista e comunista contra as instituições liberais parecia, aos olhos de muitos, decretar a morte próxima e total do liberalismo, precisamente naquela Europa que o havia feito nascer e crescer. Croce manifestava uma forte fé em que, não obstante os eventos de então, a Liberdade não teria como interromper sua História, na medida em que ela era o próprio motor da História; e a nobreza daquele seu ato de fé ainda hoje comove e provoca enorme admiração naqueles que estão ligados intimamente – e não só verbal e oportunisticamente – ao valor da Liberdade política, religiosa e cultural.[16]

16. Gostaria de citar uma passagem de Norberto Bobbio na qual se podem encontrar tanto uma referência e um tributo à "história da liberdade" de Croce, quanto uma crítica a ela: "O conceito de liberdade como *telos* da história exige uma resposta à pergunta: liberdade em face de quê? Mas uma resposta definitiva não pode ser dada. A liberdade enquanto libertação em face de um obstáculo pressupõe o obstáculo. Há assim, na história, tantas liberdades quanto sejam os obstáculos removidos em cada oportunidade. A história da liberdade procede simultaneamente com a história das privações de liberdade: se não existisse a segunda, tampouco existiria a primeira. Não houve um reino da liberdade total no princípio, como o haviam suposto os teóricos do estado de natureza (o homem nascido livre de Rousseau), nem haverá um reino da liberdade total no fim, como preconizaram e pregaram os utópicos sociais. Não há nem uma liberdade perdida para sempre, nem uma liberdade conquistada para sempre: a história é uma trama dramática de liberdade e de opressão, de novas liberdades que se deparam com novas opressões, de velhas opressões derrubadas, de novas liberdades reencontradas, de novas opressões impostas e de velhas liberdades perdidas. Toda época se caracteriza por suas formas de opressão e por suas lutas pela liberdade. [...] Quem nos garante que a história tenha um *telos* e que esse *telos* seja uma liberdade final e universal? E se a história humana terminasse, como na fantasia de tantos escritores chamados de apocalípticos, num sistema de servidão generalizada? O que sabemos sobre isso? Ao lado da exigência da liberdade, os homens também revelaram, em todas as épocas, a indiferença diante da liberdade e – por que não? – o medo da

A liberdade não existe sem conflito (incruento), como repetiam seguidamente Croce e Popper: se o lugar-comum gostaria de chegar a uma sociedade em que existisse uma idílica concórdia e identidade de fés e opiniões, o liberal sabe que a liberdade existe somente na pluralidade, no confronto e na contraposição de ideias distintas e opostas. Precisamente esse livre confronto e oposição é a liberdade. Outro grande intelectual europeu, o judeu francês Marc Bloch, escrevia, logo depois da derrota do exército da República pelas forças nazistas, em 1940:

> É bom, é saudável que em um país livre as filosofias sociais opostas possam se contrapor livremente. [...] A desventura da pátria começa quando não se compreende a legitimidade desses conflitos.[17]

Se o livro de Croce é um hino às glórias passadas do Liberalismo, o de Bloch, escrito durante a tragédia de sua própria nação e pouco antes do próprio martírio, é o mais poderoso "exame de consciência" de um liberal sobre as culpas daqueles que, a começar de si mesmo, apesar de carregarem no peito os ideais liberais, não tinham tido a coragem de defendê-los ao longo dos Anos 1920 e 1930 e que – perante tanto às assustadoras ameaças quanto às sedutoras sereias das forças fascistas e comunistas – haviam se retirado da vida pública, cultivado o próprio jardim, os próprios estudos, os afetos privados, tornando-se, provavelmente, bravos trabalhadores, mas não bons cidadãos.

---

liberdade. Qual dessas atitudes está destinada a predominar? A necessidade, a indiferença ou o medo?". (BOBBIO, Norberto. *Eguaglianza e libertà*. Turim: Einaudi, 1995. p. 74 e 76.) [Ed. bras. *Igualdade e liberdade*. Trad. Carlos Nelson Coutinho. Rio de Janeiro: Ediouro, 1996. p. 75 e 77.]

17. BLOCH, Marc. *Una strana disfatta* [1940]. Turim: Einaudi, 1995. p. 147 [Ed. bras. *A estranha derrota*. Trad. Eliana Aguiar. Rio de Janeiro: Zahar, 2011.]. O historiador francês havia solicitado, aos 54 anos, para servir como voluntário no Exército Francês atacado por Hitler, deixando a família e o magistério de História Medieval na Sorbonne. Após a derrota francesa, entrou na clandestinidade da Resistência. Em 8 de março de 1944 foi preso e torturado pela Gestapo: quebraram-lhe um dos pulsos, esmagaram suas costelas e o submeteram ao suplício do banho gelado. Em 16 de junho de 1944, o fizeram subir em um caminhão com outros prisioneiros, entre os quais um garoto de 17 anos, que chorava; Bloch o consolou dizendo: "Seremos fuzilados, não sofreremos muito... Será tudo muito rápido". O historiador foi fuzilado primeiro, e caiu gritando: "Viva a França!". Marc Bloch foi o maior estudioso da Idade Média no século XX.

No verão de 1940, a liberdade parecia escorraçada da Europa; o Terceiro Reich nazista anexara a Áustria, havia conquistado a Tchecoslováquia, a Polônia, a Dinamarca, a Noruega, a Bélgica, a Holanda e metade da França, deixando a outra metade ao fascistóide governo de Pétain. Outros governos fascistas ou fascistoides, aliados do Reich ou "neutros benévolos", existiam na Itália, na Hungria, na Espanha, em Portugal, na Bulgária, na Romênia, na Iugoslávia e na Grécia. A Rússia e as demais nações soviéticas estavam sob o tacão de Stalin.

A flâmula da Liberdade era agitada somente pelo impávido povo britânico, que chegara à sua "*finest hour*", ao seu momento mais belo, no qual lhe cabia defender a liberdade não somente para si, mas para todos. Escrevia então Marc Bloch: "O que será de nós se, por infelicidade, a Grã-Bretanha também for derrotada?".[18]

A Grã-Bretanha não foi derrotada e, para usar as palavras de seu *condottiero* Churchill, "a tenebrosa maldição de Hitler foi afastada de nossa era" ("the dark curse of Hitler was lifted from our age"). E logo depois, em 1946, o mesmo Churchill se encontrou perante a nova ameaça à liberdade que vinha da União Soviética staliniana, que angariava muitas simpatias junto a inúmeros habitantes dos países livres (precisamente aquelas pessoas a quem Bobbio dirigia seus escritos no início dos Anos 1950,[19] comunistas ocidentais que consideravam que os valores do liberalismo não eram importantes nem para a classe operária nem para o mundo da cultura). Em seu famoso discurso sobre a "Cortina de Ferro", Churchill dizia:

> Jamais devemos deixar de proclamar sem temor os grandes princípios da liberdade e dos direitos do homem que são a herança dos povos de língua inglesa e que, através da Magna Carta, do *Bill of Rights*, do *Habeas Corpus*, do julgamento com júri e da *Common Law* inglesa, encontraram sua mais famosa expressão na Declaração de Independência americana. Tudo isso significa que as pessoas de todos os países têm o direito, e devem ter o poder constitucional, por meio de livres e regulares eleições com voto secreto, de escolher ou mudar o governo a que se submetem; que a liberdade de palavra e de pensamento deve reinar; que as cortes de justiça – independentes

---

18. BLOCH, Marc. *Una strana disfatta* [1940]. Turim: Einaudi, 1995. p. 157.

19. Reunidos no livro *Política e cultura*, de 1955.

do governo e não controladas pelos partidos – devem administrar leis que tenham recebido largo consentimento de amplas maiorias ou que estejam consagradas pelo tempo e pelos costumes.[20]

E assim os princípios da democracia liberal eram proclamados – pela pessoa que dentre todas no mundo tinha autoridade moral para fazê-lo – numa época não tão crítica quanto no passado recentíssimo mas que ainda seguia sendo problemática. Naquelas palavras, Churchill não contrapunha liberalismo e democracia, e ainda que desse prioridade aos "direitos de liberdade" falava também em "largo consentimento de amplas maiorias". Esta era a herança do desenvolvimento constitucional inglês, no qual *primeiro* foram buscados e obtidos os direitos dos cidadãos e somente *depois* havia sido – gradualmente – ampliado o sufrágio eleitoral, com o objetivo de melhor defender aqueles direitos. Em outras histórias nacionais, como por exemplo na da França, as coisas transcorreram de modo bem mais confuso, e as "amplas maiorias" democráticas viram-se a si próprias, com frequência e com disposição, como *fonte* dos direitos e da justiça, e não, ao contrário, como método de *controle* do efetivo respeito a esses direitos, método provavelmente melhor (ou menos pior) do que aquele que atribuía o controle ao monarca e à oligarquia hereditária (Idade Média) ou a uma oligarquia eleita por sufrágio restrito (séculos XVIII e XIX), mas que era, de todo modo, tão somente um método de controle e não uma fonte, não uma nascente.

Na história dos Estados Unidos, essa confusão – que podemos chamar de "populista" – foi menor do que na França, mas maior do que na Ingla-

20. Discurso proferido por Sir Winston Churchill no Westminster College de Fulton (Missouri, USA), em 5 de março de 1946: "But we must never cease to proclaim in fearless tones the great principles of freedom and the rights of man which are the joint inheritance of the English-speaking world and which through Magna Carta, the Bill of Rights, the Habeas Corpus, trial by jury, and the English common law find their most famous expression in the American Declaration of Independence. All this means that the people of any country have the right, and should have the power by constitutional action, by free unfettered elections, with secret ballot, to choose or change the character or form of government under which they dwell; that freedom of speech and thought should reign; that courts of justice, independent of the executive, unbiased by any party, should administer laws which have received the broad assent of large majorities or are consecrated by time and custom".

terra. E isto desde o início: um interessante e recente livro de Claes Ryn, *America the Virtuous*, mostra como a ideia jacobina do "povo virtuoso" visto como fonte da justiça estava presente em Thomas Jefferson e foi atravessando os séculos até chegar aos eventos da nossa época, uma ideia revolucionária e jacobina que hoje – com interessante paradoxo – é interpretada como sendo conservadora ou "neoconservadora".[21] É forçoso reconhecer que foi enorme e insubstituível o papel desempenhado pelos Estados Unidos na valorização da liberdade no Ocidente. Os norte-americanos Woodrow Wilson e Franklin D. Roosevelt – ainda que devendo lutar contra alguns de seus próprios concidadãos, como Hearst[22] e a estirpe a ele análoga, monopolista, antieuropeia, fascista – "simplesmente" salvaram a liberdade na Europa. Além do mais, se se leem os discursos de Roosevelt nos momentos cruciais da Guerra, quem está acostumado a confundir o termo "liberalismo" com "liberismo", ou seja, a liberdade política com a liberdade econômica, talvez se surpreenda ao perceber quão estreitamente a luta contra a tirania nazifascista estava, para Roosevelt, vinculada à promoção social das classes menos favorecidas de seus cidadãos.[23]

Na Itália, a confusão populista foi ainda mais pesada do que na França, país que, afinal, não conheceu as duas décadas de regime fascista que atingiram os italianos, regime que, em nome da "vontade popular", violou todos os direitos de liberdade, ainda que mantendo o sufrágio universal. Após a queda do fascismo, Churchill escreveu uma mensagem ao povo

21. RYN, Claes. *America the Virtuous*. Nova Brunswick (NJ): Transaction Publishers, 2004. Especialmente p. 1-5, 8, 20-3, 32-4, 50, 56, 65-7, 71-4, 77-9, 91, 106, 123-8, 137, 140, 157, 189 e 201-7. Livro bastante perspicaz e digno de ser conhecido, em primeiro lugar pelos motivos acima mencionados, mas também pelo fato de que Ryn é um dos maiores estudiosos de Benedetto Croce.

22. William Randolph Hearst (1863-1951), proprietário da maior concentração de mídia na história dos Estados Unidos, apoiou a guerra contra a Espanha, se opôs à intervenção estadunidense na Primeira Guerra Mundial, sempre hostilizou a Grã-Bretanha, atacou a Liga das Nações e o Nova Deal, foi simpático a Hitler. Orson Welles se inspirou na vida de Hearst para filmar *Cidadão Kane*.

23. Ver por exemplo esses três discursos de Roosevelt: *Message to the Congress on the State of the Union*, 6.1.1941; *Message to the Congress on the State of the Union*, 11.1.1944; *Campaign Addres at Soldiers' Field*, Chicago, Illinois, 28.10.1944. Os discursos estão online no sítio do Franklin & Eleanor Roosevelt Institute.

italiano para responder à pergunta "o que é a liberdade?" e para incentivar a que se "fundasse uma nova Itália":

> Existe o direito de livre expressão das opiniões e de oposição crítica ao governo?
>
> O povo tem o direito de refutar um governo que é por ele desaprovado e estão dados os instrumentos constitucionais com que pode expressar sua vontade?
>
> Os tribunais são imunes à violência do Poder Executivo e às ameaças de violência das massas e desvinculados de qualquer tipo de associação com particulares partidos políticos?
>
> Tais tribunais administram leis claras e provadas, associadas na mente do homem comum aos princípios gerais de decoro e justiça?
>
> Existem condições iguais para os pobres e os ricos, para os cidadãos singulares e para os funcionários governamentais?
>
> Os direitos do indivíduo, subordinadamente a seus deveres perante o Estado, são respeitados, defendidos e exaltados?
>
> O simples camponês e operário, que ganha o pão de cada dia com o próprio suor e procura sustentar sua família, está livre do medo de que uma sinistra organização policialesca sob controle de um partido único, como a Gestapo, fundada por partidos fascistas e nazistas, bata à sua porta e o condene à servidão ou a maus-tratos, sem um devido processo imparcial e público?[24]

São palavras em que está ausente a retórica da soberania popular e em que se acumulam as preocupações liberais com a liberdade de crítica ao governo, a independência da magistratura, o pluralismo partidário, o *habeas corpus*. A Vontade Popular era avaliada por Churchill não por sua capacidade de sustentar com entusiasmo e concórdia um governo, mas por sua capacidade de poder *substituí-lo*. E isto não somente em termos retóricos: depois de ter sido chefe de governo durante cinco anos e de ter levado a Inglaterra à vitória contra Hitler em maio de 1945, em julho daquele mesmo ano ele e seu partido – os Conservadores – perderam as eleições. Comentou então: "Os cidadãos têm o direito de votar a favor de quem melhor lhes pareça. Isso é democracia. Foi por ela que lutamos".[25]

24. Mensagem de 27.8.1944, cf. GILBERT, Martin. *Churchill*. Milão: Mondadori, 1992. p. 367.

25. *Ibid.*, p. 407.

A "democracia", para Churchill, não consistia no estável e concorde consenso da maioria, mas no fato de que a maioria pudesse *mudar*.

Os intelectuais italianos daqueles anos haviam sido – em larga maioria – apoiadores mais ou menos animados do recém-falecido regime fascista.[26] Também no fascismo existiram uma "direita" e uma "esquerda": por exemplo, o publicista Giovanni Preziosi e os colaboradores de sua revista *La Vita Italiana* representavam a direita porque consideravam mau o liberalismo político e bom o liberismo econômico,[27] e o filósofo Giovanni Gentile e seus seguidores, como Ugo Spirito, representavam a esquerda na medida em que, ao se oporem ao liberalismo político, opunham-se também ao liberismo econômico (ao "capitalismo burguês") que desigualava as condições sociais dos cidadãos.

Essa ideologia "de esquerda", que era ao mesmo tempo antiliberal e antiliberista, teve continuidade de algum modo na esquerda de inspiração marxista do pós-guerra, não somente no PCI dos Anos 1950, mas também numa significativa parte do movimento de 1968 e pós-1968: antiliberismo e antiliberalismo se associavam como se fossem sinônimos na mente e nas palavras daqueles que chegaram a exaltar – durante o transcorrer de decênios da história da República italiana – Stalin, Mao, Lenin e Fidel Castro.[28]

---

26. Ver SERRI, Mirella. *I redenti*, Il Corbaccio, 2005.

27. PREZIOSI, Giovanni. Ugo Spirito. *In*: *La Vita Italiana*, 1932, n. 5. Ver também MANNI, F. I presupposti filosofici ne *La Vita Italiana* di Preziosi. *In*: Aa.Vv. (PARENTE, Luigi; GENTILE, Fabio; GRILLO, Maria Rosa [Org.]). *Giovanni Preziosi e la questione dela razza in Italia*. Cosenza: Rubettino, 2005.

28. Esta ideologia foi em parte posteriormente modificada, ainda que de modo lento. Em 1984, Bobbio escreveu (*O futuro da democracia*. p. 116-9) que se surpreendeu com reedição de um clássico do liberalismo como *On Liberty*, de John Stuart Mill, em uma coleção com clara orientação de esquerda, ainda que tal fato tivesse suscitado uma vasta onda de comentários "condescendentes, enfadados, perplexos ou até mesmo fortemente polêmicos". Ele então continuava: "Devemos nos surpreender se hoje, após tanto marxismo acadêmico, esquemático, tediosamente repetitivo, e depois que as revoluções feitas em nome de Marx deram origem a regimes despóticos, uma nova geração animada de espírito crítico e com uma mentalidade iconoclástica (o 68 não passou em vão) redescobre os escritores liberais? [...] Muito justamente os marxistas lamentaram, com frequência, a superficialidade e o partido tomado pelos demolidores de Marx. Mas com não menor razão os liberais protestaram contra as liquidações sumárias das grandes conquistas do pensamento liberal, vendidas desdenhosamente como um subproduto dos inte-

Benedetto Croce e Norberto Bobbio

Diametralmente oposto às posições da direita fascista antiliberal e antiliberista estava Benedetto Croce, que, nos Anos 1930, procurava demonstrar ao liberal e liberista Luigi Einaudi que um Estado liberal, em certos períodos, pode adotar uma política econômica contrária ao liberalismo e pode ter de fazer isso precisamente para permanecer liberal.[29] Croce, entretanto, também se opunha à posição – digamos, de "direita social" – de Gentile, que desprezava como antifascistas tanto o liberalismo quanto o liberismo.

Croce foi uma fortuna para a Itália: durante longas décadas, com grande força persuasiva, mostrou ao público *in primis* italiano (e *in secundis* europeu e mundial) os erros teóricos e práticos do marxismo, do comunismo, do racismo, do nacionalismo, do fascismo, do decadentismo, do positivismo e do integralismo católico. Até o fim da vida – quando a Itália estava "dividida em duas", entre o Reino libertado pelos aliados e a República nazifascista de Saló – desempenhou papel político direto e central; por alguns meses foi o

resses da burguesia (naturalmente 'sórdidos'). Para quem continuou, mesmo nos momentos menos propícios, a ler os clássicos do liberalismo e jamais os considerou cães mortos (e cães mortos eles foram para toda a cultura marxista-leninista italiana, que aceitara Rousseau mas não Locke, Hegel mas não Kant), a reproposição de Mill pela esquerda é um acontecimento que só pode provocar alegria. As ideias expressas com tanta felicidade por Mill sobre a necessidade de antepor limites ao poder, mesmo quando este poder é o da maioria, sobre a fecundidade do conflito, o elogio da diversidade, a condenação do conformismo, a absoluta prioridade que se deve dar, em uma sociedade bem governada, à liberdade de opinião, tornaram-se no século XIX lugar comum da publicística dos países civis". Tal ideologia mudou, mas somente em parte e de maneira não linear. Quinze anos depois, Bobbio escreveu: "Reencontrei-me nesta frase de Améry: 'Quando o velho percebe que o marxista, por ele certamente e não sem motivo considerado o campeão do exército racionalista, hoje se reconhece em certas frases de Heidegger, deve ter a impressão de que o espírito da época está desencaminhado, ou melhor, autenticamente dissociado: a matemática filosófica da sua época se transforma em um quadrado mágico'." (BOBBIO, Norberto. *De senectute.* Turim: Einaudi, 1996. p. 21-2. [Ed. bras. *O tempo da memória: De senectute e outros escritos autobiográficos*. Trad. Daniela Versiani. Rio de Janeiro: Campus, 1997. p. 22.]).

29. CROCE, Benedetto; EINAUDI, Luigi. *Liberalismo e liberismo* [1952]. Nápoles: Ricciardi, 1988. Para um bem informado, claro e atualizado estudo sobre este tema ver BESOMI, Daniele; RAMPA, Giorgio. *Dal liberalismo al liberismo. Stato e mercato nella storia delle idee e nell'analisi degli economisti*. Turim: Giappichelli, 2000.

político italiano mais influente, mais do que De Gasperi, Togliatti, Badoglio, mais do que o lugar-tenente do Reino, mais do que o Rei.[30]

Mas Croce morreu em 1952, já não mais escutado e presumivelmente superado por uma massa sempre crescente de "superadores". Antes combatido, depois simplesmente esquecido.[31] Paradoxalmente, os melhores estudiosos crocianos são dois norte-americanos não ítalo-americanos: David D. Roberts[32] e Claes G. Ryn.[33]

Croce, porém, teve um herdeiro, ao menos no campo dos estudos de política e de ética: Norberto Bobbio.[34] Bobbio escreveu muitos livros e

---

30. Esta trajetória sempre foi conhecida por poucos e hoje em dia é conhecida menos ainda. É verdade que recente foram publicados seus *Taccuini di Guerra 1943-1945* (Milão: Adelphi, 2004), que mostram com detalhe algo estupefaciente: que um estudioso, com má vontade e somente por dever cívico, estivesse – com resultados concretos – no centro da política de um Estado não pequeno – coisa ainda mais estupefaciente sobretudo em terras italianas – e com uma modéstia e um desinteresse pessoal absolutos. Mas estes *Taccuini*, ao menos até agora, foram praticamente ignorados pelo debate cultural italiano e não entraram de fato no "cânone" compartilhado por nossa memória coletiva, nem entre as pessoas de cultura média, nem entre os intelectuais.

31. Nasci em 1959 e na minha juventude – entre o fim dos Anos 1960 e os Anos 1980 – percebi que não conseguia encontrar entre meus contemporâneos alguém que tivesse lido Croce. Na melhor das hipóteses, falavam dele por ouvir dizer, rapidamente e só para dirigir juízos depreciativos a ele e à sua obra. Desde os tempos do ensino médio eu estava "preso" por Croce e depois passei a me mover para contribuir de algum modo para os "estudos crocianos" com textos dedicados a Benedetto Croce e a alguns pensadores do século XX que haviam sido diretamente influenciados por ele. Percebi então o caráter "evasivo" da presença de crociana: por exemplo, cerca de 400 livros e ensaios foram dedicados a Croce em todo o mundo durante os Anos 1980, mas quase sempre foram de natureza especializada e escritos por autores não pertencentes ao *mainstream*. O pensamento de Croce, ainda que fecundando alguns particulares setores disciplinares, não está mais (ou não está ainda) presente na consciência do debate filosófico contemporâneo de tipo "generalista". Cf. MANNI F. Rassegna degli studi crociani negli Anni Ottanta con annesso saggio di bibliografia. *In*: *Studi critici*, n. 1-2, 1992, p. 153-95.

32. ROBERTS, David D. *Benedetto Croce and the Uses of Historicism*. Berkeley and Los Angeles: University of California Press, 1987; e *Nothing But History: Reconstruction and Extremity After Metaphysics*. Berkeley and Los Angeles: University of California Press, 1995.

33. RYN, Claes G. *Will, Imagination and Reason: Babbitt, Croce and the Problem of Reality*. Nova Brunswick: Transaction Publishers, 1997; e *A Common Human Ground. Universality and Particularity in a Multicultural World*. Columbia and Londres: University of Missouri Press, 2003.

34. Nascido em Turim, Norberto Bobbio (1909-2004) teve uma longa carreira docente universitária primeiro como professor de filosofia do direito e depois de filosofia da política.

muitos artigos, frequentemente para especialistas, mas seu primeiro livro influente e de sucesso, *Política e cultura* (1955),[35] foi dirigido a um público culto mas não especializado: própria data de publicação do livro indica a vontade de retomar o discurso das mãos do filósofo napolitano então morto. O conteúdo, além de mencionar Croce em dois capítulos, recupera as temáticas crocianas do liberalismo e da não submissão da cultura à política partidária. E faz isso não a partir do penúltimo momento, isto é, daquele em que Croce polemizava sobretudo contra o fascismo, mas do último, ou seja, daquele em que Croce polemizava sobretudo contra o comunismo. Esse livro de Bobbio é uma esplêndida batalha pelo liberalismo contra os comunistas italianos que naqueles anos o hostilizavam.

De todas as batalhas práticas travadas por Croce que mencionei, somente uma não foi levada adiante por Bobbio: aquela contra o positivismo[36] (fato que explica, juntamente com outros fatores, a abordagem bem mais analítica que Bobbio fazia na discussão dos vários problemas filosóficos). Por terem tido vida longa e operosa, ambos os pensadores puderam, quase como "sentinelas de Israel", observar e vigiar uma multiplicidade de fases da história cultural e política italiana. Bobbio começou a publicar

---

E teve uma ainda mais longa trajetória como autor de livros, ensaios para revistas, artigos e entrevistas para jornais. Suas obras foram traduzidas em 19 línguas. Um pequeno grupo de admiradores e amigos que gravitavam em torno do Centro Studi Piero Gobetti, de Turim, organizou uma iniciativa única no gênero: com critérios modernos e sofisticados, catalogou os cerca de 1.500 escritos de Bobbio (5.000 se forem incluídas as várias edições, reedições e traduções) guardados no Centro, disponibilizando tal catálogo pela internet, com a maioria dos textos escaneados e *on-line*, disponíveis fácil e livremente a uma comunidade verdadeira aberta de estudiosos de todo o mundo.

35. Na Introdução à nova edição deste livro, Franco Sbarberi escreveu: "A clareza dos temas teóricos – na definição da atividade cultural 'como esfera de autonomia perante qualquer poder organizado' e na polêmica firma e serena com o comunismo italiano sobre o caráter irrenunciável dos direitos de liberdade em qualquer sistema econômico-social – faz ainda hoje de *Política e cultura* um exemplar texto de filosofia cívica. Na Itália da segunda metade do século XX, o livro desempenhou análoga à que foi exercida por *Liberalism*, de Hobhouse, na Inglaterra da primeira metade, e por *Liberalism and Social Action*, de Dewey, nos Estados Unidos entre as duas guerras", p. VIII.

36. Ver, em polêmica também com Croce, um eficaz e articulado elogio ao positivismo em Norberto Bobbio, *O Tempo da Memória. De senectute*, p. 60-78. Com efeito, o positivismo interessou não somente ao Bobbio historiador da filosofia, mas também ao Bobbio teorético, ao menos nos anos imediatamente sucessivos à Segunda Guerra Mundial: ver, de BOBBIO, Norberto. *Autobiografia*. Bari: Laterza, 1997. p. 134-6.

seus textos em 1934 e continuou a fazê-lo por mais setenta anos! Croce foi Senador do Reino e Bobbio foi Senador vitalício da República, ambos mereceram muitas honrarias acadêmicas, suas obras foram traduzidas em muitas línguas estrangeiras e apreciadas por muitos estudiosos no mundo todo. Tanto Croce quanto Bobbio construíram e conservaram por toda a vida um caráter "democrático", dando a essa palavra agora o significado de uma postura "fácil", não narcisista, afável e acolhedora para com aqueles que os procuravam: ainda que ambos fossem senhores mais velhos, relacionavam-se com todos de maneira paritária.[37] Bobbio recordava que desde criança experimentava um forte sentimento de injustiça quando ia de férias para o campo e brincava (justo ele, um rebento da "boa" burguesia turinense) com os filhos dos camponeses: esses companheiros de brincadeiras, porém, levavam uma vida sem os privilégios de classe a que ele estava acostumado, eram pobres, malvestidos e desnutridos, e a cada verão Bobbio descobria que um deles havia morrido de tuberculose durante o inverno. Essa foi "a razão fundamental" pela qual ele decidiu se dedicar à política: "o desconforto diante do espetáculo das enormes desigualdades, tão desproporcionais quanto injustificadas, entre ricos e pobres, entre quem está em cima e quem está embaixo na escala social".[38]

A opinião dos dois filósofos sobre a democracia foi, em parte, distinta: Croce desconfiava muito dela, ao passo que Bobbio era muito mais confiante. Mas também tinham pontos em comum: ambos consideravam que o assim chamado "igualitarismo" era um erro teórico – grávido de consequências práticas negativas. Croce escreveu na *História da Europa do século XIX*:

> o liberalismo completou sua separação do democratismo, que, em sua forma extrema de jacobinismo, ao perseguir com fúria e cegamente as suas abstrações, não somente havia destruído vivos e fisiológicos tecidos do corpo social mas, ao trocar o povo por uma parte e por uma manifestação, a menos cívica, do povo, com a inorgânica multidão estridente e impulsiva, e ao exer-

37. De Croce e Bobbio li testemunhos de algumas pessoas, mas com Bobbio também pude manter contatos pessoais durante vinte anos.

38. BOBBIO, Norberto. *Destra e sinistra*. Roma: Donzelli Editore, 1995. p. 128-9. [Ed. bras. *Direita e esquerda. Razões e significados de uma distinção política*. Trad. Marco Aurélio Nogueira. 2. ed. rev. e ampl. São Paulo: Editora Unesp, 2001. p. 141.]

cer a tirania em nome do Povo, havia caído no oposto de suas pretensões, e, no lugar da igualdade e da liberdade, abriu caminho para uma igual servidão e a ditadura.[39]

E Bobbio, em uma de suas últimas entrevistas, observou:

> O igualitarismo é uma concepção filosófica que leva ao mundo das abelhas, ao esvaziamento da individualidade, como se pode ver nos clássicos utopistas igualitaristas como Bacon, Campanella e outros. Este nível e esta despersonalização são o terreno adequado para o nascimento do totalitarismo político [...]. É preciso distinguir o igualitarismo do igualamento. O igualitarismo é uma concepção filosófica organicista e também uma tentativa levada adiante nos Estados onde o comunismo chegou ao poder, concepção e tentativa que não aprovam a independência e as peculiaridades do indivíduo no interior da sociedade [...]. A busca da igualdade, ao menos da parte do comunismo que chegou ao poder, foi realizada de maneira perversa, como nivelamento obrigatório a partir de baixo [...]. O igualamento, ao contrário, é uma tendência e um movimento que se dirige à redução das diferenças econômicas existentes entre os indivíduos e os grupos sociais.[40]

A oposição de Croce e Bobbio às concepções iliberais de todos os tipos, desmascarando-as em todas as suas formas pseudossutis e pseudomorais, assim como a insensibilidade deles às modas intelectuais, aos ventos políticos, às "forças do Destino" e às "urgências inelutáveis da História", fizeram com que se opusessem tanto ao marxismo comunista quanto à ideologia fascista,[41] e isto em um país como a Itália, no qual uma típica postura de muitos intelectuais ao longo do século XX foi a de oscilar entre os extremismos opostos, permanecendo sempre iliberais. Foi por isso que ambos os filósofos ficaram por anos afastados tanto desse tipo de esquerda, quanto desse tipo de direita.[42]

---

39. CROCE, Benedetto. *Storia d'Europa,* p. 32.

40. "Il filosofo e i comunisti", entrevista de Norberto Bobbio a Franco Manni, *Diario,* 4 de maio de 2001, p. 27. Ver também BOBBIO, Norberto. *Igualdade e liberdade*, p. 35-47.

41. Também Karl Popper escreveu na epígrafe de seu livro redigido durante a Segunda Guerra Mundial (*Miseria dello storicismo*, p. 13): "Em memória dos inúmeros homens, mulheres e crianças de todos os credos, nações e raças que caíram vítimas da fé fascista e comunista nas Inexoráveis Leis do Destino Histórico".

42. Um texto de Bobbio que resume com grande clareza os termos teóricos da relação do seu liberalismo com o fascismo de uma parte e com o comunismo de outra é "Augusto del

Ambos estiveram em contato – em momentos diversos da história – com o marxismo teórico e com o multiforme movimento do socialismo político, ambos criticaram claramente um e outro, mas ambos retiveram os aspectos bons da teoria e os aspectos bons da prática política. Croce criticava Einaudi por não ver que o liberalismo podia entrar em acordo com uma política econômica de tipo socialista e, quando se tornou presidente do Partido Liberal Italiano, chegou a observar, depois de um encontro com o socialista Giuseppe Saragat:

> [Saragat e os seus] desejam fazer com que o socialismo preserve seu caráter e sua história, que é essencialmente liberal [...]. A aliança ou certos entendimentos são possíveis com os socialistas, dos quais aceitamos muitos conceitos de reforma e estamos prontos para discutir e ser persuadidos em relação a outros.[43]

Bobbio, que na Resistência se vinculou ao Partido da Ação,* durante anos estudou e apoiou a ideia liberal-socialista.[44] Se olharmos para os clás-

---

Noce: fascismo, liberalismo, comunismo". *In*: *Il Ponte*, ano XLIX, n. 6, junho de 1993, agora incluído no volume *Cinquent'anni non bastano. Scritti di Norberto Bobbio sulla rivista "Il Ponte" 1946-1997*. Florença. Fondazione Monte dei Paschi di Siena, Il Ponte Editore, 2005. p. 233-44

43. CROCE, B. *Taccuini*, p. 350.

*. O Partido da Ação, de orientação socialista liberal, foi fundado em julho de 1942 por militantes do movimento *Giustizia e Libertà*, herdeiro do socialismo liberal de Carlo Rosselli e da "Revolução Liberal" de Piero Gobetti. Em termos teóricos, os intelectuais vinculados ao partido rejeitavam o "determinismo econômico" marxista e questionavam a luta de classes, que viam como sendo incapaz de dar origem a um socialismo que respeitasse a liberdade civil. Dissolveu-se em 1946. Sob sua legenda, Bobbio concorreu sem sucesso às eleições para a Assembleia Constituinte italiana de 1946. (N.T.)

44. Sobre isso, ver o informado e orgânico estudo de SBARBERI, Franco. *L'utopia della libertà uguale. Il liberalismo sociale da Rosselli a Bobbio*. Turim: Bollati Boringhieri, 1999. A Universidade Carlo III, de Madrid, logo depois da morte de Bobbio, deu seu nome a uma cátedra: "O Conselho do Instituto de Direitos Humanos 'Bartoleu de las Casas', em reunião no dia 25 de fevereiro de 2004, decidiu impulsionar a criação da Cátedra 'Norberto Bobbio' de Igualdade e Não Discriminação. A Cátedra dá continuidade ao esforço iniciado pelo Instituto de Direitos Humanos em outubro de 2002 com a criação da Unidade de Investigação 'Igualdade e Não Discriminação'. Sua denominação constitui uma homenagem e um reconhecimento a Norberto Bobbio, ilustre filósofo italiano do Direito e da Política, falecido em janeiro de 2004". É bonito ver o nome de Bobbio associado ao do grande pensador do Século XVI Bartolomeu de las Casas: dois homens que sentiram profundamente os males que provêm das cruéis desigualdades da sociedade humana.

sicos do pensamento liberal, veremos que Croce e Bobbio, mais que ao liberalismo de Locke e Tocqueville, tinham maior afinidade com o liberalismo de Mill, Keynes e Popper,[45] ou seja, eram favoráveis à intervenção do Estado na economia, sobretudo para melhorar as condições das classes sociais mais prejudicadas.

Depois, com efeito, ainda que em meio a muitas incertezas e ambiguidades, os vários partidos democratas-cristãos, trabalhistas, social-democratas, gaullistas e liberais da Europa ocidental no pós-Segunda Guerra produziram regimes em que as "quatro grandes liberdades dos modernos" estão protegidas, mas nas quais – *junto* com isso – o Estado também faz ampla intervenção legislativa no mundo da economia: ora para defender os direitos dos trabalhadores, ora para fornecer serviços de utilidade pública, ora para defender a livre concorrência, ora para preservar o ambiente, ora para subsidiar os desempregados e outras categorias em desvantagem. Assim é que em geral se pode ver hoje, na União Europeia, muito liberalismo e bem pouco liberismo; uma situação em que o Estado liberal se encarrega ativamente do *welfare* ("bem-estar") de seus cidadãos. Liberal-socialismo? Social-democracia? Por certo é algo que, com aparente paradoxo, desagrada tanto a certa esquerda quanto a certa direita, como observava Bobbio em 1981:

> Nestes últimos anos lemos não sei quantas páginas sempre mais polêmicas e sempre mais documentadas sobre a crise desse Estado capitalista mascarado que é o Estado do bem-estar, sobre a hipócrita integração que levou o movimento operário à grande máquina do Estado das multinacionais. Agora estamos lendo outras tantas páginas não menos doutas e documentadas sobre a crise desse Estado socialista igualmente mascarado que, com o pretexto de realizar a justiça social (que Hayek declarou não saber exatamente o que seja), está destruindo a liberdade individual e reduzindo o

45. "Creio que uma economia competitiva é mais eficiente que uma economia planificada, mas jamais acreditei que este fosse um argumento decisivo contra o planejamento central da economia: se tal planejamento pudesse produzir uma sociedade mais livre e humana ou até mesmo uma sociedade que fosse mais justa do que uma sociedade competitiva, eu o apoiaria mesmo se o planejamento fosse menos eficiente do que a competição. Minha opinião, de fato, é que deveremos estar prontos para pagar um alto preço pela liberdade". POPPER, Karl. *Miseria dell storicismo*, p. 9.

indivíduo a um infante guiado do berço à tumba pela mão de um tutor tão solícito quanto sufocante. Uma situação paradoxal, quase grotesca.[46]

Tal situação por certo aparecia como grotesca para Bobbio, que antes não dera apoio àquela crítica "de esquerda" e depois não apoiou aquela crítica "de direita". Precisamente como ele pensava que havia acontecido, antes que consigo mesmo, com Croce: primeiro longamente atacado e desprezado pelos fascistas e mais tarde – depois da queda do fascismo – pelos marxistas, por quem seria "mesquinhamente" e "maldosamente" contestado como "precursor do fascismo", "reacionário" e "filofascista", justamente ele, Benedetto Croce, que foi

> a consciência moral do antifascismo italiano [...]. Veja-se no *Soliloquio di un vecchio filosofo*, que é de 1942, sua ansiedade pela liberdade do passado e a esperança na renovação: nem pessimismo inerte, nem excessivo e cândido otimismo. Inspirando-se nesta ideia dominante, tomou posição contra as contaminações que, valendo-se de conceitos empíricos e práticos, eram feitas àquela ideia pelos não filósofos, pelos professores pedantes, os pseudopolíticos e os politiqueiros. Sua defesa do liberalismo, mantida incansavelmente até os últimos anos de vida, foi a defesa do ideal da liberdade que se identifica com a consciência moral. E foi conduzida sobretudo em três direções: contra o marxismo, contra a democracia e contra o liberismo.[47]

Bobbio tinha muitas críticas, do ponto de vista teórico, ao liberalismo de Croce e as apresentou na sua circunstanciada e magistral análise "Benedetto Croce e il liberalismo"[48], na qual, porém, observou:

> Digo logo que, não obstante as muitas dúvidas que penso poder apresentar à teoria do liberalismo de Benedetto Croce, não tenho de modo algum a intenção de diminuir a função liberal que seu pensamento e sua personalidade tiveram nos anos do predomínio fascista. Há quem, por ódio ao liberalismo ou por ódio a Croce, queira desconhecer os méritos e o valor prático da posição antifascista do autor da *Storia d'Europa*. Quem quer que tenha compartilhado as ansiedades e as esperanças daqueles anos – refiro-me a intelectuais – não pode esquecer que a estrada principal para

46. BOBBIO, Norberto. *O futuro da democracia*, p. 186-7.

47. Ver *Id. Política e cultura* [1955]. Turim: Einaudi, 2005. p. 186, 192, 200 e 202.

48. *Ibid.*, p. 177-228. A mensagem principal é a seguinte: Croce, liberal nos ideais e na sensibilidade humana, era porém indiferente, no plano mais diretamente político, às formas jurídicas concretas que limitam o poder do governo, por exemplo a divisão dos poderes.

converter os indecisos em antifascistas foi a leitura e a discussão dos livros de Croce, não pode esquecer que a maior parte dos jovens intelectuais chegavam ao antifascismo por meio de Croce, e aqueles que já tinham chegado a este ponto ou que sempre haviam sido antifascistas obtinham conforto ao saber que Croce, o representante mais alto e mais ilustre da cultura italiana, não havia se curvado à ditadura. Toda crítica ao posicionamento de Croce durante o fascismo é rancorosa e malévola polêmica e, como tal, não merece discussão.[49]

A maior parte dos capítulos que compõem o livro *Política e cultura* foram escritos por Bobbio entre 1951 e 1954: são os anos do macarthismo e também os últimos anos do stalinismo! Se era essa a atmosfera para os ideais do liberalismo no interior das duas superpotências vencedoras da Segunda Guerra Mundial – guerra feita por elas contra Hitler em nome da liberdade –, podemos compreender a urgência militante de Bobbio ao polemizar com os intelectuais e políticos italianos que atacavam o liberalismo. Aqueles eram os comunistas, e especificamente os comunistas italianos antes da morte de Stalin e das denúncias feitas por Nikita Kruschev ao XX Congresso do Partido Comunista da União Soviética [1956].

Retornando depois àqueles primeiros Anos 1950 e recordando que havia aceitado o diálogo público com os comunistas, ainda que fazendo clara e substancial crítica às suas ideias, Bobbio escreveu em 1993:

> [...] a política do diálogo justificava-se plenamente na situação italiana, onde se afirmava o mais forte partido comunista do Ocidente, que não podia ser posto fora da lei, como acontecera em outros países, a não ser ao preço de levar o país a um estado de guerra civil permanente. [...] Não obstante tudo o que se disse recentemente sobre a guerra civil potencial que teria minado as bases da república italiana, o diálogo não foi somente uma tática pacificadora de intelectuais mediadores. O partido da maioria relativa definiu oficialmente sua própria política perante o Partido Comunista com a palavra "confronto". Diálogo e confronto caracterizaram a história da nossa república. Mas nem o diálogo nem o confronto jamais se inspiraram na ideia de realizar uma síntese filosófica entre os dois "ismos", liberalismo e comunismo, que são filosoficamente incompatíveis. Foram, bem mais simplesmente, duas estratégias políticas para um compromisso prático.[50]

49. BOBBIO, Norberto. *Política e cultura* [1955]. Turim: Einaudi, 2005. p. 202.

50. *Id. Augusto del Noce*: fascismo, comunismo, liberalismo, p. 23.

De outra parte, ao passo que do fascismo e do nazismo havia existido somente um exemplar, o comunismo teve dois deles: o tirânico e genocida existiu na URSS, na China e no Camboja, mas não na Itália, na França, na Holanda, na Espanha, na Inglaterra, nos USA e na Alemanha. E Bobbio – que certamente não dialogou com Stalin, Beria, Mao ou Pol Pot – reconhecia, sem dificuldade, que sempre tivera boas relações pessoais com alguns comunistas italianos:

> Polemizei com os comunistas, mas foram polêmicas com pessoas que eram abertas ao diálogo. Com alguns comunistas, como Napolitano, Aldo Tortorella, Gian Carlo Pajetta e Pietro Ingrao, tive também relações de estima recíproca e amizade verdadeira.[51]

Precisamente como sucedera com Croce, que jamais havia participado de um governo fascista – ainda que tivesse sido convidado –, mas integrou várias vezes o governo com os comunistas no pós-guerra. Em uma reunião do Conselho de Ministros, recordou publicamente a Togliatti, então secretário-geral do Partido Comunista Italiano-PCI, a estima e o pesar que sentia pelo comunista Gramsci, o afeto pelo comunista Giorgio Amendola e a ajuda que deu, em pleno fascismo, a um dirigente comunista de Nápoles para a publicação de um livro de Antonio Labriola.[52] Em 30 de abril de 1945, Croce escreveu:

> De Roma me chegaram elogios e objeções pela nomeação como diretor geral das Belas Artes de Bianchi Bandinelli, comunista [intelectual contra quem Bobbio polemizou anos depois. *N. do O.*], por mim recomendada ao ministro Arangio Ruiz, que disse ter obtido meu parecer favorável. Mas eu respondi que se o partido comunista e outros partidos excluem dos postos da administração pública homens capazes e preparados só por serem liberais, então nós devemos nos esforçar para incluí-los, ainda que sejam comunistas.[53]

De resto e por fim, para Bobbio, o comunismo havia apontado problemas reais e importantes:

> [...] o comunismo era uma "utopia invertida" porque era uma utopia de libertação que se converteu em seu contrário, ou seja, na constrição e na opres-

51. "Il filosofo e i comunisti", p. 26.

52. CROCE, Benedetto. *Taccuini*, p. 403.

53. *Ibid.*, p. 289.

são dos seres humanos. [...] O comunismo histórico faliu, não discuto. Mas os problemas permanecem, precisamente aqueles mesmos problemas que a utopia comunista havia apontado e que considerava serem resolvíveis. Esta é a razão pela qual é uma tolice alegrar-se com a derrota e esfregar as mãos de contentamento para falar: "Sempre dissemos isso!". Ou será que vocês, iludidos, acreditam que o fim do comunismo histórico (insisto no "histórico") pôs um ponto final no desejo e na sede de justiça? [...] Afirmo, repetindo-me a mim mesmo, que nunca fui comunista, mas também jamais fui anticomunista, no sentido em que o anticomunismo é entendido hoje em dia. E digo que as lutas por maior igualdade social e contra as injustiças tão dramáticas presentes no mundo atual – lutas travadas não somente pelos comunistas, mas também por eles – são sacrossantas.[54]

O presente volume

Liberalismo e democracia é um "*basic book*". Em muitos outros de seus livros e artigos Bobbio analisou e discutiu vários aspectos do antigo e do novo liberalismo e da democracia antiga e nova, mas é no presente volume que seus conceitos são expressos de maneira comparada, completa, concisa e simples, isto é, com uma abordagem mais didática que ensaística.

Na verdade, originariamente o texto aqui publicado era o verbete de uma enciclopédia sobre os principais conceitos políticos da época contemporânea.[55] Sua utilidade "didática" e o prestígio do autor deram ao texto certa fortuna. A edição italiana em volume separado teve várias traduções no exterior:[56] brasileira e portuguesa em 1988, espanhola em 1989, inglesa em 1990, servo-croata em 1992, dinamarquesa em 1993, francesa em 1996 e uma nova edição inglesa em 2006 pela Verso Books de Londres. A utilidade deste "*basic book*" é reiterada por seu frequente uso como texto introdutório para os estudantes de diversas partes do

54. "Il filosofo e i comunisti", p. 26-7.

55. O primeiro capítulo, "Liberalismo e democracia", foi publicado em Aa.Vv. *Il pensiero politico contemporâneo*. BRAVO, Gian Mario; GHIBAUDI, Silvia Rota (Org.). Milão: Franco Angeli, 1985. v. I, p. 28-35.

56. *Liberalismo e democrazia*. Milão: Franco Angeli, 1985.

mundo.[57] Dado que a quarta e mais recente edição italiana é de 1991 e está esgotada há muitos anos, e dado que na Itália tem sido sobretudo nos últimos anos que se passou a falar amplamente de "liberalismo", "liberal-democracia", "democracia liberal", "liberismo" e "neoliberalismo" (ao passo que durante décadas, nos discursos de políticos e jornalistas, a única palavra usada foi "democracia"), cresceu o interesse por uma nova edição.

O leitor a quem o livro se dirige não é o cientista político ou o especialista acadêmico, mas sim a pessoa de cultura média que deseja esclarecer para si própria as ideias a respeito desses importantes conceitos tão frequentemente empregados no debate político e jornalístico e tão pouco esclarecidos no interior do próprio debate.

Como o leitor verá, cada argumento específico é examinado no interior de um breve capítulo de duas ou três páginas, e as sucessivas seções temáticas que reúnem grupos de capítulos seguem um curso bastante linear: definição de liberalismo (1-5), definição de democracia (6-7), relações conceituais entre liberalismo e democracia (8-9), relações históricas entre liberalismo e democracia (10-15), desenvolvimentos mais recentes até então, isto é, até 1984, e portanto as problemáticas relações do liberalismo e da democracia com o socialismo, de uma parte, e com o liberismo, de outra (15-17). Somente esta última seção parece estar hoje um pouco datada, não por defeito da proposição conceitual, mas pelo destaque dado a certos elementos. Considerando que o futuro é imprevisível a todos e o era também a Bobbio, e que o volume foi escrito cinco anos antes da chamada Queda do Muro de Berlim,* certas ênfases – ou por excesso, ou por limitações – agora parecem fora de proporção quando ligadas às con-

57. Navegando pela internet pode se ver como nos últimos anos o livro foi utilizado com esta finalidade em várias universidades, por exemplo, as inglesas de Oxford, Londres e Reading, as norte-americanas de Stanford, Maryland e Murdoch, a letã de Riga, a estoniana de Tartu, a norueguesa de Oslo e muitas outras.

*. "By the time wrote this small essay he saw liberalism and democratic socialism capable of connecting each other in a liberal-socialism sincretic result, that kept from each vision of the world and society the best of its contributions: the preservation of liberty, in the first case; the pursuit of the possible equality, in the second. Time showed that this synthesis was dispensable because socialism perished along its mistakes and contradictions when the Berlin Wall and the communist empire imploded in 1989." Resenha anônima de *Liberalism and Democracy* publicada na *Customer Review* da amazon.com. (Em inglês

tingências dos fatos políticos e da publicística atual: no capítulo 15 Bobbio não compara a democracia socialista com a social-democracia, no 16 não relaciona a teoria liberal-socialista à prática social-democrática, no 17 exagera – o que podemos certamente afirmar valendo-nos do conhecimento já adquirido [*col senno di poi*] – ao definir o pensamento de Hayek como a "suma da doutrina liberal contemporânea", e dá excessiva importância a Nozick, autor que depois do livro *Anarchy, State and Utopia*, de 1974, que causou certo clamor no mundo acadêmico, não continuou mais os estudos de teoria política e passou a se dedicar a outros temas.[58]

Digo isso por dever de crítico. Considero que o presente volume é verdadeiramente útil por sua convincente e eficaz sobriedade, e penso que hoje ainda é mais atual do que na época em que foi escrito, pelos motivos que mencionei. Agradeço a Andrea Bobbio – representante dos herdeiros de Bobbio – e ao editor Luciano Simonelli por terem permitido e possibilitado essa nova edição. De minha parte, escrevi essa introdução para contextualizar o tema no debate atual, acrescentei algumas breves notas informativas sobre os autores citados por Bobbio, atualizei e organizei a bibliografia final.

Franco Manni

---

no original: "Quando este pequeno livro foi escrito, Bobbio via o liberalismo e a democracia como capazes de se interconectarem e darem origem ao liberal-socialismo como resultado sincrético, que faria com que cada visão do mundo e da sociedade pudesse dar sua melhor contribuição: a preservação da liberdade, no primeiro caso; a busca da igualdade possível, no segundo. O tempo mostrou que esta síntese seria dispensável, porque o socialismo feneceu em meio a seus erros e contradições quando o Muro de Berlim e o império comunista implodiram em 1989". (N.T.))

58. "Tem-se agora a impressão de que, visando à restauração do perfil original do liberalismo, esses autores foram arrastados pelo radicalismo doutrinário da sua perspectiva em direção a fins diferentes daqueles que intencionalmente perseguiam. Legitimaram uma abordagem radical, em um contexto não comparável com o dos clássicos – Locke, Hume, Smith –, convertendo-se nos pais espirituais de uma nova religião da liberdade que desemboca no individualismo anárquico, em uma cadeia de ultrapassagens que leva Nozick para além de Hayek e Rothbard para além de Nozick". Cf. PORTINARO, Pier Paolo. Profilo del liberalismo. *In*: CONSTANT, Benjamin. *La libertà degli antichi, paragonata a quella dei moderni*. Turim: Einaudi, 2005. Especialmente p. 144-7.

Liberalismo e Democracia

1. A liberdade dos antigos e dos modernos

A existência atual de regimes denominados liberal-democráticos ou de democracia liberal leva a crer que liberalismo e democracia sejam interdependentes. No entanto, o problema das relações entre eles é extremamente complexo, e de modo algum é linear. Na acepção mais comum dos dois termos, por "liberalismo" entende-se uma determinada concepção de Estado, na qual o Estado tem poderes e funções limitadas, e como tal se contrapõe tanto ao Estado absoluto quanto ao Estado que hoje chamamos de social; por "democracia" entende-se uma das várias formas de governo, em particular aquela em que o poder não está nas mãos de um só ou de poucos, mas de todos, ou melhor, da maior parte, como tal se contrapondo às formas autocráticas, como a monarquia e a oligarquia. Um Estado liberal não é necessariamente democrático: ao contrário, realiza-se historicamente em sociedades nas quais a participação no governo é bastante restrita, limitada às classes possuidoras. Um governo democrático não dá vida necessariamente a um Estado liberal: ao contrário, o Estado liberal foi posto em crise pelo progressivo processo de democratização produzido pela gradual ampliação do sufrágio até o sufrágio universal.

Sob a forma de contraposição entre liberdade dos modernos e liberdade dos antigos, a antítese entre liberalismo e democracia foi enunciada e sutilmente defendida por Benjamin Constant (1767-1830)[1] no célebre

1. Romancista e pensador político franco-suíço. (N.O.)

discurso pronunciado no Ateneu Real de Paris em 1818, do qual é possível iniciar a história das difíceis e controvertidas relações entre as duas exigências fundamentais de que nasceram os Estados contemporâneos nos países econômica e socialmente mais desenvolvidos: a exigência, de um lado, de *limitar* o poder e, de outro, de *distribuí-lo*.

> O objetivo dos antigos era a partilha do poder social entre todos os cidadãos de uma mesma pátria. Era isso o que eles chamavam de liberdade. O objetivo dos modernos é a segurança dos prazeres privados; e eles chamam de liberdade as garantias concedidas pelas instituições a tais prazeres.[2]

Como liberal sincero, Constant considerava que esses dois objetivos estavam em contraste entre si. A participação direta nas decisões coletivas termina por submeter o indivíduo à autoridade do todo e por fazer com que ele, como pessoa privada, não se torne livre; ao passo que é a liberdade da pessoa privada que o cidadão exige hoje do poder público. Concluía:

> [...] não podemos mais gozar da liberdade dos antigos, que era composta pela participação ativa e constante do poder coletivo. De nosso lado, nossa liberdade deve ser composta pelo gozo tranquilo da independência privada.[3]

Constant citava os antigos, mas tinha diante dos olhos um alvo bem mais próximo: Jean-Jacques Rousseau[4]. De fato, o autor de *O contrato social* havia inventado, não sem fortes sugestões dos pensadores clássicos, uma república na qual o poder soberano,[5] uma vez instituído pela

---

2. CONSTANT, Benjamin. De la liberté des anciens comparé à celle des modernes (1818). *In*: *Collection des Ouvrages*. v. 4, parte 7, Paris: Béchet Libraire, p. 253 [Ed. it. introdução e tradução de Umberto Cerroni. Roma: Samonà e Savelli, 1965. p. 252.] [Ed. bras. *A liberdade dos antigos comparada à dos modernos*. Trad. Leandro Cardoso Marques da Silva. São Paulo: Edipro, 2019. p. 59.]

3. *Ibid*., p. 252 [Ed. bras., p. 57-8.].

4. Filósofo francês [1712-1768], considerado o pai da teoria democrática moderna. (N.O.)

5. A soberania é o poder supremo, que "não reconhece nenhum poder superior a ele" (*superiorem non recognoscens*) e cuja expressão é o monopólio do exercício da força física (polícia armada, tribunais, cárceres). "Poder supremo" não coincide com "poder absoluto", isto é, ilimitado. Todo Estado em sentido próprio é soberano e, portanto, detém o poder supremo diante de indivíduos, famílias, igrejas, associações, entes locais; mas nem todo Estado é absoluto. Existem de fato os Estados liberais, ou seja, Estados nos quais o poder soberano está limitado pela divisão dos poderes prevista pela constituição e pelos direitos – constitucionalmente garantidos – de grupos e indivíduos. (N.O.)

concordada vontade de todos, torna-se infalível e "não possui nenhuma necessidade de garantia em relação aos súditos, porque é impossível que o corpo queira prejudicar a todos os seus membros".[6] Não que Rousseau tenha levado o princípio da vontade geral ao ponto de desconhecer a necessidade de limitar o poder do Estado: atribuir a ele a paternidade da "democracia totalitária" é uma polêmica tão generalizada quanto errônea. Embora sustentando que o pacto social dá ao corpo político um poder absoluto, Rousseau também sustenta que "o Soberano, por seu lado, não pode sobrecarregar os súditos com seu peso inútil à comunidade".[7] Mas é certo que esses limites não são pré-constituídos ao nascimento do Estado, como quer a doutrina dos direitos naturais, que representa o núcleo doutrinal forte do Estado liberal. De fato, embora admitindo que "tudo o que cada um aliena mediante o pacto social de seu poder [...] é somente a parte de tudo isso cujo uso importa à comunidade", Rousseau conclui que "o Soberano, tão somente, é juiz dessa importância".[8]

2. Os direitos do homem

O pressuposto filosófico do Estado Liberal, entendido como Estado limitado em contraposição ao Estado absoluto, é a doutrina dos direitos do homem elaborada pela escola do direito natural (ou jusnaturalismo): a doutrina segundo a qual o homem, todos os homens indiscriminadamente, têm por natureza e, portanto, independentemente de sua própria vontade, e menos ainda da vontade de alguns poucos ou de apenas um, certos direitos fundamentais, como o direito à vida, à liberdade, à segurança, à felicidade – direitos esses que o Estado, ou mais concretamente aqueles que num determinado momento histórico detêm o poder legítimo de

6. ROUSSEAU, Jean-Jacques. *Du Contrat Social*. I, 7 [Ed. it. *Scritti Politici*. P. Alatri (Org.). Turim: Utet, 1970. p. 734.] [Ed. bras. *O contrato social*. Trad. Edson Bini. 2. ed. São Paulo: Edipro, 2015. p. 23.].

7. *Ibid*., p. 744 [Ed. bras., p. 32].

8. *Ibid*., *loc. cit*.

exercer a força para obter a obediência a seus comandos devem respeitar, e portanto não invadir, e ao mesmo tempo proteger contra toda possível invasão por parte dos outros. Atribuir a alguém um direito significa reconhecer que ele tem a *faculdade* de fazer ou não fazer algo conforme seu desejo, e também o *poder* de resistir, recorrendo em última instância à força (própria ou dos outros), contra o eventual transgressor, o qual tem em consequência o *dever* (ou a *obrigação*) de se abster de qualquer ato que possa, de algum modo, interferir naquela faculdade de fazer ou não fazer. "Direito" e "dever" são duas noções pertencentes à linguagem prescritiva, e, enquanto tal, pressupõem a existência de uma norma ou regra de conduta que atribui a um sujeito a faculdade de fazer ou não fazer alguma coisa ao mesmo tempo em que impõe a quem quer que seja a abstenção de toda ação que possa de algum modo impedir o exercício daquela faculdade. Pode-se definir o jusnaturalismo como a doutrina segundo a qual existem leis não postas pela vontade humana – que por isso mesmo precedem à formação de todo grupo social e são reconhecíveis por meio da pesquisa racional – das quais derivam, como em toda e qualquer lei moral ou jurídica, direitos e deveres que são, pelo próprio fato de serem derivados de uma lei natural, direitos e deveres naturais. Falou-se do jusnaturalismo como pressuposto "filosófico" do liberalismo porque ele serve para fundar os limites do poder sobre a base de uma concepção geral e hipotética da natureza do homem, que prescinde de toda verificação empírica e de toda prova histórica. No capítulo II do *Segundo Tratado sobre o Governo*, Locke,[9] um dos pais do liberalismo moderno, parte do estado de natureza descrito como um estado de perfeita liberdade e igualdade, governado por uma lei da natureza que "ensina a toda a humanidade, que dela tira proveito, pois, por sermos todos iguais e independentes, não devemos fazer mal ao próximo, atentando contra sua saúde e liberdade, ou seus bens".[10]

Essa descrição é fruto da reconstrução fantástica de um presumível estado originário do homem, cujo único objetivo é aduzir uma boa

9. John Locke (1632-1704), filósofo inglês, considerado um dos pais da corrente filosófica do Iluminismo. (N.O.)

10. LOCKE, John. *Two Treatises of Government* (1690), II, 6 [Ed. it. L. Pareyson (Org.). 3. ed. Turim: Utet, 1980. p. 231.] [Ed. bras. *Segundo tratado sobre o Governo Civil*. São Paulo: Edipro, 2014. p. 30.].

razão para justificar os limites do poder do Estado. A doutrina dos direitos naturais, de fato, está na base das Declarações de Direitos proclamadas pelos Estados da América do Norte (a começar de 1776) e pela França revolucionária (a começar de 1789), por meio das quais se afirma o princípio fundamental do Estado liberal como Estado limitado: "O objetivo de toda associação política é a conservação dos direitos naturais e não prescritíveis do homem." (art. 2º da Declaração dos Direitos do Homem e do Cidadão, 1789).

Como teoria diversificadamente elaborada por filósofos, teólogos e juristas, a doutrina dos direitos do homem pode ser considerada a racionalização póstuma do estado de coisas a que conduziu, especialmente na Inglaterra, muitos séculos antes, a luta entra a monarquia e as outras forças sociais, que se concluiu com a concessão da Magna Carta por parte de João Sem Terra (1215), quando as faculdades e os poderes que nos séculos futuros serão chamados de "direitos do homem" foram reconhecidos sob o nome de "liberdade" (*libertates, franchises, freedoms*), ou seja, como esferas individuais de ação e de posse de bens devidamente protegidas perante o poder coativo do rei. Embora essa e as sucessivas cartas tenham a forma jurídica de concessões soberanas, elas são de fato o resultado de um verdadeiro pacto entre partes contrapostas no que diz respeito aos direitos e deveres recíprocos na relação política, isto é, na relação entre dever de proteção (por parte do soberano) e dever de obediência (no qual consiste a assim chamada "obrigação política" por parte do súdito), comumente chamado de *pactum subiectionis*[11]. Numa carta das "liberdades", o objeto principal do acordo são as formas e os limites da obediência, ou seja, a obrigação política, e correlativamente as formas e os limites do direito de comandar. Essas antigas cartas, como as cartas constitucionais *octroyées*[12] das monarquias constitucionais da época da restauração e depois (entre as quais o Estatuto Albertino de 1848)*, tinham a figura jurídica da concessão, que é

11. Em latim no original: pacto de submissão. (N.O.)

12. Em francês no original: outorgadas pelo Rei. (N.O.)

*. Lei fundamental da monarquia italiana de Saboia, assinada em 4 de março de 1848 pelo rei Carlos Alberto. Foi substituída em 1948 pela Constituição da República Italiana. (N.T.)

um ato unilateral, embora fossem de fato o resultado de um acordo bilateral. São, por isso, uma típica forma de ficção jurídica, que tem por objetivo salvaguardar o princípio da superioridade do rei e, portanto, assegurar a permanência da forma de governo monárquica, não obstante a transcorrida limitação dos poderes tradicionais do detentor do poder supremo.

Naturalmente, mesmo nesse caso, o curso histórico que dá origem a uma determinada ordenação jurídica e a sua justificação racional apresentam-se com os termos invertidos: historicamente, o Estado liberal nasce de uma contínua e progressiva erosão do poder absoluto do rei e, em períodos históricos de crise mais aguda, de uma ruptura revolucionária (são exemplares os casos da Inglaterra do século XVII e da França do fim do século XVIII); racionalmente, o Estado liberal é justificado como o resultado de um acordo entre indivíduos inicialmente livres que convencionam estabelecer os vínculos estritamente necessários a uma convivência pacífica e duradoura. Ao passo que o curso histórico procede de um estado inicial de servidão a estados sucessivos de conquista de espaços de liberdade por parte dos sujeitos, mediante um processo de gradual liberalização, a doutrina percorre o caminho inverso, na medida em que parte da hipótese de um estado inicial de liberdade e somente na medida em que concebe o homem como naturalmente livre é que consegue construir a sociedade política como uma sociedade de soberania limitada. Em substância, a doutrina, especialmente a doutrina dos direitos naturais, inverte o andamento do curso histórico, colocando no início, como fundamento e portanto como *prius*, aquilo que historicamente é o resultado, o *posterius*.

Afirmação dos direitos naturais e teoria do contrato social, ou contratualismo, estão estreitamente ligadas. A ideia de que o exercício do poder político só é legítimo se estiver fundado sobre o consenso daqueles sobre os quais deve ser exercido (também esta é uma tese lockiana) e, portanto, sobre um acordo *entre* aqueles que decidem submeter-se a um poder superior e *com* aqueles a quem esse poder é confiado, é uma ideia que deriva da pressuposição de que os indivíduos têm direitos que não dependem da instituição de um soberano e que a instituição do soberano tem a principal função de permitir que a máxima explicitação desses direitos seja compatível com a segurança social. O que une a doutrina dos direitos do homem e o contratualismo é a comum concepção individualista da sociedade, a concepção segundo a qual primeiro existe o indivíduo singular com seus interesses e seus carecimentos, que tomam a forma de direitos em virtude da admissão de uma hipotética lei da natureza, e depois a sociedade, e não vice-versa como sustenta o organicismo em todas as suas formas, segundo o qual a sociedade é anterior aos indivíduos ou, para dizer com a fórmula aristotélica[13] destinada a ter êxito ao longo dos séculos, o todo é anterior às partes. O contratualismo moderno representa uma verdadeira reviravolta na história do pensamento político dominado pelo organicismo, na medida em que, subvertendo as relações entre indivíduo e sociedade, faz da sociedade não mais um fato natural, que existe independentemente da vontade dos indivíduos, mas um corpo artificial, criado pelos indivíduos à sua imagem e semelhança e para a satisfação de seus interesses e carecimentos e o mais amplo exercício de seus direitos. Por sua vez, o acordo que dá origem ao Estado é possível porque, segundo a teoria do direito natural, existe na natureza uma lei que atribui a todos os indivíduos alguns direitos fundamentais dos quais o indivíduo somente pode abrir mão voluntariamente e dentro dos limites em que esta renúncia, concordada com a análoga renúncia de todos os outros, permita a composição de uma livre e ordenada convivência.

Sem essa verdadeira revolução copernicana[14], com base na qual o problema do Estado passou a ser visto não mais a partir do poder soberano mas a partir dos súditos, não teria sido possível a doutrina do Estado liberal, que é *in primis*[15] a doutrina dos limites jurídicos do poder estatal. Sem individualismo não há liberalismo.

---

13. De Aristóteles (384 a.C.-322 a.C), filósofo grego, aluno – e crítico – de Platão. (N.O.)

14. Expressão que designa a modificação radical da perspectiva com que se analisam os problemas. Refere-se a Nicolau Copernico (1473-1543), que rompeu o ponto de vista da astronomia ao teorizar que a Terra girava em torno do Sol e não o contrário, como em sua época se pensava. (N.O.)

15. Em latim no original: em primeiro lugar. (N.O.)

3. Os limites do poder do Estado

Falou-se até aqui genericamente de Estado limitado ou de limites do Estado. Deve-se agora estabelecer com clareza que essa expressão compreende dois aspectos diversos do problema, aspectos que nem sempre são bem diferenciados: a) os limites dos *poderes* do Estado; b) os limites das *funções* do Estado. A doutrina liberal inclui ambos, mesmo que eles possam ser tratados separadamente, um excluindo o outro. O liberalismo é uma doutrina do Estado limitado tanto com respeito aos seus poderes quanto às suas funções. A noção corrente que serve para representar o primeiro é *Estado de direito*; a noção corrente para representar o segundo é *Estado mínimo*. Embora o liberalismo conceba o Estado tanto como Estado de direito quanto como Estado mínimo, pode ocorrer um Estado de direito que não seja mínimo (por exemplo, o Estado social contemporâneo) e pode-se também conceber um Estado mínimo que não seja um Estado de direito (tal como, com respeito à esfera econômica, o Leviatã hobbesiano,[16] que é ao mesmo tempo absoluto no mais pleno sentido da palavra e liberal em economia). Ao passo que o Estado de direito se contrapõe ao Estado absoluto entendido como *legibus solutus**, o Estado mínimo se contrapõe ao Estado máximo: deve-se, então, dizer que o Estado liberal se afirma na luta contra o Estado absoluto em defesa do Estado mínimo e contra o Estado máximo em defesa do Estado mínimo, ainda que nem sempre os dois movimentos de emancipação coincidam histórica e praticamente.

Por Estado de direito entende-se geralmente um Estado em que os poderes públicos são regulados por normas gerais (as leis fundamentais ou constitucionais) e devem ser exercidos no âmbito das leis que os

---

16. *Leviatã*, originariamente o nome de um monstro marinho de que se fala no Velho Testamento, é o título do mais conhecido livro do filósofo inglês Thomas Hobbes (1588-1679), no qual é teorizado o absolutismo estatal. (N.O.) [Obra publicada em *Clássicos Edipro*. (N.E.)]

*. Em latim no original: livre, desobrigado das leis. (N.O.). Referência ao princípio do direito romano *Princeps legibus solutus est* (o príncipe está livre das leis), que, juntamente com outras regras, foi reintroduzido na prática jurídica, séculos após a queda do Império Romano do Ocidente. (N.T.)

regulam, salvo o direito do cidadão de recorrer a um juiz independente para fazer com que seja reconhecido e refutado o abuso ou o excesso de poder. Assim entendido, o Estado de direito exprime a velha doutrina – que remonta aos clássicos e se propagou por meio das doutrinas políticas medievais – da superioridade do governo das leis sobre o governo dos homens, segundo a fórmula *lex facit regem*[17], doutrina essa sobrevivente inclusive na idade do absolutismo, quando a máxima *princeps legibus solutus est*[18] foi entendida no sentido de que o soberano não estava sujeito às leis positivas que ele próprio proclamava, mas estava sujeito às leis divinas ou naturais e às leis fundamentais do reino. Porém, quando se fala de Estado de direito no âmbito da doutrina liberal do Estado, deve-se acrescentar à definição tradicional uma determinação ulterior: a constitucionalização dos direitos naturais, ou seja, a transformação desses direitos em direitos juridicamente protegidos, isto é, em verdadeiros direitos positivos[19]. Na doutrina liberal, Estado de direito significa não só subordinação dos poderes públicos de qualquer grau às leis gerais do país, limite que é puramente formal, mas também subordinação das leis ao limite material do reconhecimento de alguns direitos fundamentais considerados constitucionalmente, e que são, portanto, em princípio, "invioláveis" (esse adjetivo se encontra no art. 2º da Constituição italiana*). Desse ponto de vista pode-se falar de Estado de direito em sentido forte para distingui-lo do Estado de direito em sentido fraco, que é o Estado não despótico, isto é, dirigido não pelos homens, mas pelas leis, e do Estado de direito em sentido fraquíssimo, tal como o Estado kelseniano[20] segundo o qual, uma vez dissolvido o Estado

17. Em latim no original: "É a lei que faz o Rei". (N.O.). BRACTON, H. *De Legibus et Consuetudinibus Angliae.* G. E. Woodbine (Org.). Cambrigde, Mass.: Harvard University Press, 1968. v. 2, p. 33.

18. Em latim no original: "O Príncipe está livre das leis". (N.O.). ULPIANO. *Dig.* I, 3, 31.

19. Aqui, "direito positivo" não significa "bom", mas se opõe a "direito natural" e significa "direito histórico, não natural, artificial, *posto* pelo Estado". (N.O.)

*. O artigo 2º da Constituição italiana estabelece que: "A República reconhece e garante os direitos invioláveis do homem, seja como indivíduo, seja nas formações sociais em que desenvolve sua personalidade, e exige o cumprimento dos deveres obrigatórios de solidariedade política, econômica e social". (N.T.)

20. Referência a Hans Kelsen (1881-1973), filósofo do Direito de origem austríaca que se estabeleceu nos Estados Unidos. (N.O.)

em seu ordenamento jurídico, todo Estado é Estado de direito (e a própria noção de Estado de direito perde toda força qualificadora).

Do Estado de direito em sentido forte, que é aquele próprio da doutrina liberal, são parte integrante todos os mecanismos constitucionais que vetam ou obstaculizam o exercício arbitrário e ilegítimo do poder e impedem ou desencorajam o abuso ou o exercício ilegal do poder. Desses mecanismos os mais importantes são: 1) o controle do Poder Executivo por parte do Poder Legislativo; ou, mais exatamente, o controle do governo, a quem cabe o Poder Executivo, por parte do Parlamento, a quem cabe, em última instância, o poder de legislar e a orientação política; 2) o eventual controle do Parlamento no exercício do Poder Legislativo ordinário por parte de uma corte jurisdicional a quem se pede a verificação da constitucionalidade das leis; 3) uma relativa autonomia do governo local em todos os seus graus e formas com respeito ao governo central; 4) uma magistratura independente do poder político.

4. Liberdade contra poder

Os mecanismos constitucionais que caracterizam o Estado de direito e têm o objetivo de defender o indivíduo dos abusos do poder são, em outras palavras, garantias de liberdade, da assim chamada liberdade negativa, entendida como esfera de ação em que o indivíduo não está obrigado por quem detém o poder coativo a fazer aquilo que não deseja ou não está impedido de fazer aquilo que deseja. Há uma acepção de liberdade – que é a acepção prevalecente na tradição liberal – segundo a qual "liberdade" e "poder" são dois termos antiéticos, que denotam duas realidades em contraste entre si e são, portanto, incompatíveis: nas relações entre duas pessoas, à medida que se estende o poder (poder de comandar ou de impedir) de uma diminui a liberdade em sentido negativo da outra e, vice-versa, à medida que a segunda amplia a sua esfera de liberdade, diminui o poder da primeira. Deve-se agora acrescentar que, para o pensamento liberal, a liberdade individual está garantida, mais que pelos mecanismos constitucionais do Estado, também pelo fato de que ao Estado são reconhecidas tarefas limitadas à manutenção da ordem pública interna e internacional. No pensamento liberal, teoria do controle do poder e teoria da limitação das tarefas do Estado procedem no mesmo passo: pode-se até mesmo dizer que a segunda é a *conditio sine qua non*[21] da primeira, no sentido de que o controle dos abusos do poder é tanto mais fácil quanto mais restrito é o âmbito em que o Estado pode estender a própria intervenção, ou mais breve e simplesmente no sentido de que o Estado mínimo é mais controlável do que o Estado máximo. Do ponto de vista do indivíduo, de que se põe o liberalismo, o Estado é concebido como um mal necessário; e enquanto mal, embora necessário (e nisso o liberalismo se distingue do anarquismo), o Estado deve se intrometer o mínimo possível na esfera de ação dos indivíduos. Às vésperas da revolução americana, Thomas Paine (1737-1809),[22] autor de um ensaio em defesa dos direitos do homem, expressou com grande clareza tal pensamento:

> A sociedade é produzida por nossas necessidades, e o governo por nossa perversidade; a primeira promove positivamente a nossa ventura, unindo os nossos afetos, enquanto o segundo o faz negativamente refreando os nossos vícios. Uma encoraja o intercâmbio, o outro cria distinções. A primeira protege, o segundo pune. A sociedade é sob qualquer condição uma bênção; o governo, mesmo na sua melhor forma, nada mais é do que um mal necessário, e na sua pior forma é insuportável.[23]

Uma vez definida a liberdade no sentido predominante da doutrina liberal como liberdade *em relação ao Estado*, o processo de formação do Estado liberal pode ser identificado com o progressivo alargamento da esfera de liberdade do indivíduo, diante dos poderes públicos (para usar

21. Em latim no original: Condição necessária, sem a qual é impossível que se realize um efeito. (N.O.)

22. Escritor político anglo-americano cujos libelos polêmicos tiveram grande influência durante a Guerra de Independência das colônias inglesas norte-americanas (1775-1783). (N.O.)

23. PAINE, Thomas. *Common Sense* (1776) [Ed. it. *I Diritti dell Uomo*. T. Magri (Org.). Editori Riuniti, 1978. p. 65.] [Ed. bras. *Senso Comum*. Trad. A. Della Nina. São Paulo: Editora Abril, 1978. p. 45.].

os termos de Paine), com a progressiva emancipação da sociedade ou da sociedade civil, no sentido hegeliano[24] e marxiano[25], com respeito ao Estado. As duas principais esferas em que ocorre essa emancipação são a esfera religiosa ou, em geral, a esfera espiritual, e a esfera econômica ou dos interesses materiais. Segundo a conhecida tese weberiana sobre as relações entre ética calvinista e espírito do capitalismo, os dois processos estão estreitamente ligados. Mas, independentemente dessa discutida conexão, é um fato que a história do Estado liberal coincide, de um lado, com o fim dos Estados confessionais e com a formação do Estado neutro ou agnóstico quanto às crenças religiosas de seus cidadãos, e, de outro lado, com o fim dos privilégios e dos vínculos feudais e com a exigência de livre disposição dos bens e da liberdade de troca, que assinala o nascimento e o desenvolvimento da sociedade mercantil burguesa.

Sob esse aspecto, a concepção liberal do Estado contrapõe-se às várias formas de paternalismo, segundo as quais o Estado deve tomar conta de seus súditos tal como o pai de seus filhos, posto que os súditos são considerados eternamente menores de idade. Um dos fins a que se propõe Locke com os seus *Dois Ensaios sobre o Governo* é o de demonstrar que o poder civil, nascido para garantir a liberdade e a propriedade dos indivíduos que se associam com o propósito de se autogovernar, é distinto do governo paterno e mais ainda do patronal. O paternalismo também é um dos alvos mais bem definidos e golpeados por Kant (1724-1804)[26], para quem:

> Um governo que se erigisse sobre o princípio da benevolência para com o povo, como o governo de um pai sobre seus filhos, isto é, um governo paternal (*imperium paternale*), no qual os súditos, tal como crianças menores que ainda não podem distinguir o que lhes é verdadeiramente útil ou prejudicial, são obrigados a se comportar somente de modo passivo, a fim de esperarem somente do juízo do chefe do Estado a maneira como devem ser felizes e so-

---

24. Referência a Georg Wilhelm Friedrich Hegel (1770-1831), filósofo alemão, máximo expoente da corrente filosófica do Idealismo. (N.O.)

25. Referência a Karl Marx (1818-1883), alemão, filósofo, economista, historiador e agitador político. (N.O.)

26. Immanuel Kant, filósofo alemão considerado – juntamente com Voltaire – um dos maiores expoentes do Iluminismo. (N.O.)

mente da sua bondade que ele também o queira, um governo assim é o pior despotismo que se possa imaginar.[27]

Kant está preocupado sobretudo com a liberdade moral dos indivíduos. Sob o aspecto da liberdade econômica ou da melhor maneira de prover aos próprios interesses materiais, não menos clara e conhecida é a preocupação de Adam Smith[28], para quem, "segundo o sistema da liberdade natural", o soberano tem apenas três deveres de grande importância, vale dizer, a defesa da sociedade contra os inimigos externos, a proteção de cada indivíduo das ofensas que a ele possam dirigir os outros indivíduos, e o provimento das obras públicas que não poderiam ser executadas se confiadas à iniciativa privada. Embora possam ser distantes os pontos de partida de cada um deles, tanto em Kant quanto em Smith a doutrina dos limites das tarefas do Estado funda-se no primado da liberdade do indivíduo com respeito ao poder soberano e, em consequência, na subordinação dos deveres do soberano aos direitos ou interesses do indivíduo.

Ao final do século das Declarações de Direitos, de Kant e de Smith, Wilhelm von Humboldt (1767-1835)[29] escreve a síntese mais perfeita do ideal liberal do Estado, com as *Ideias para um "Ensaio sobre os Limites da Ação do Estado"* (1792). Como se não bastasse o título, para compreender a intenção do autor podemos recorrer à máxima inserida no primeiro capítulo, extraída de Mirabeau pai[30]:

> O difícil é promulgar somente as leis necessárias e permanecer sempre fiel ao princípio verdadeiramente constitucional da sociedade, o de se proteger do furor de governar, a mais funesta doença dos governos modernos.

---

27. KANT, Immanuel. *Uber den Gemeinspruch: Das mag in der Theorie richtig sein, taugt aber nicht die Praxis* (1793) [Ed. it. *Sopra il detto comune: "Questo puó essere giusto in teoria ma non vale per la pratica"*. *In*: KANT, E. *Scritti Politici e di filosofia della storia e del diritto*. Turim: Utet, 1956. p. 255.] [Ed. port. *Sobre a expressão corrente: Isto pode ser correcto na teoria, mas nada vale na prática*. Trad. Artur Mourão. Porto: Porto Editora, [s.d.].].

28. Filósofo escocês (1723-1790), considerado o pai da teoria econômica moderna. (N.O.)

29. Alemão, filósofo, estudioso da linguagem, pedagogo e diplomata. (N.O.)

30. Victor Riqueti, marquês de Mirabeau (1715-1789), economista francês e pai do célebre revolucionário. (N.O.)

Sobre o ponto de partida do indivíduo em sua inefável singularidade e variedade, o pensamento de Humboldt é muito preciso. O verdadeiro objetivo do homem, afirma, é o máximo desenvolvimento de suas faculdades. Tendo em vista o alcance desse fim, a máxima fundamental que deve guiar o Estado ideal é a seguinte:

> O homem verdadeiramente razoável não pode desejar outro Estado que não aquele no qual cada indivíduo não somente possa gozar da mais ilimitada liberdade para desenvolver a si mesmo, em sua singularidade inconfundível, mas no qual a natureza física apenas receba das mãos do homem a forma que lhe deu cada indivíduo, por seu livre-arbítrio e na medida de suas carências e inclinações, com as únicas restrições que derivam dos limites de suas forças e de seus direitos.[31]

A consequência que Humboldt tira dessa premissa é que o Estado não deve se imiscuir "na esfera dos negócios privados dos cidadãos, salvo se esses negócios se traduzirem imediatamente numa ofensa ao direito de um por parte de outro".[32] Ao lado da subversão das relações tradicionais entre indivíduo e Estado, próprio da concepção orgânica, ocorre também, com respeito a essas próprias relações, a subversão dos nexos entre meio e fim: segundo Humboldt, o Estado não é um fim em si mesmo, mas apenas um meio "para a formação do homem". Se o Estado tem um fim último, esse é o de "elevar os cidadãos ao ponto de poderem perseguir espontaneamente o fim do Estado, movidos tão somente pela ideia da vantagem que a organização estatal lhes garante para o alcance dos próprios objetivos individuais".[33] Repetidas vezes se afirma no ensaio que a finalidade do Estado é apenas a "segurança", entendida como a "certeza da liberdade no âmbito da lei".[34]

---

31. HUMBOLDT, Wilhelm Von. *Ideen zu einem "Versuch die Grenzen des Staates zu Bestimmen"* (1792) [Ed. it. *Idee per un "Saggio sui Limiti dell'Azione dello Stato"*. F. Serra (Org.). Bolonha: Il Mulino, 1961. p. 62.] [Ed. bras. *Os limites da ação do Estado*. Trad. Jesualdo Correia. Rio de Janeiro: Topbooks, 2004. p. 151.].

32. *Ibid.*, p. 63 [Ed. bras., p. 153].

33. *Ibid.*, p. 99 [Ed. bras., p. 180].

34. *Ibid.*, p. 113 [Ed. bras., p. 128].

5. O antagonismo é fecundo

Ao lado do tema da liberdade individual como fim único do Estado e do tema do Estado como meio e não como fim em si mesmo, o texto de Humboldt apresenta outro motivo de grande interesse para a reconstrução da doutrina liberal: o elogio da "variedade". Em uma cerrada crítica ao Estado providencial, ao Estado que mostra excessiva solicitude para com o "bem-estar" dos cidadãos (uma crítica que prefigura a análoga denúncia dos presumíveis erros do Estado assistencial por parte do neoliberalismo contemporâneo), Humboldt explica que a intervenção do governo para além das duas tarefas que lhe cabem – relativas à ordem externa e à ordem interna – termina por criar na sociedade comportamentos uniformes que sufocam a natural variedade dos caracteres e das disposições. A despeito dos indivíduos, os governos tendem para o bem-estar e a calma: "Mas o que o homem persegue e deve perseguir é algo completamente diverso – trata-se da variedade e da atividade".[35] Quem pensa diversamente suscita a fundada suspeita de considerar os homens como autômatos. "De década em década" – anota (mas o que não teria afirmado diante da "jaula de aço" do Estado burocrático de hoje?) – "aumentam, na maior parte dos Estados, o pessoal dos funcionários e os arquivos, ao passo que diminui a liberdade dos súditos".[36] Conclui: "Os homens são relegados em favor das coisas e a força criativa em favor dos resultados".[37]

Deste modo, a defesa do indivíduo contra a tentação do Estado de prover seu bem-estar golpeia não apenas a esfera dos interesses, mas também a esfera moral; hoje estamos bastante influenciados pela crítica exclusivamente econômica ao *Welfare State*[38] para nos darmos conta de que o primeiro liberalismo nasce com uma forte carga ética e a crítica do paternalismo tem sua principal razão de ser na defesa da autonomia da pessoa

35. HUMBOLDT, Wilhelm Von. *Idee per un "Saggio sui Limiti dell'Azione dello Stato"*. F. Serra (Org.). Bolonha: Il Mulino, 1961. p. 65 [Ed. bras., p. 156].

36. *Ibid.*, p. 73 [Ed. bras., p. 175].

37. *Ibid.*, p. 74 [Ed. bras., p. 176].

38. Estado de bem-estar ou "Estado assistencial". (N.O.)

humana. Sob esse aspecto, Humboldt vincula-se a Kant, Kant e Humboldt a Constant. Mesmo em Smith, que antes de ser um economista foi um moralista, a liberdade tem um valor moral.

Ao tema da variedade individual contraposta à uniformidade estatal vincula-se um outro tema característico e inovador do pensamento liberal: a fecundidade do antagonismo. A tradicional concepção orgânica da sociedade valoriza a harmonia, a concórdia mesmo que forçada, a subordinação regulada e controlada das partes ao todo, condenando o conflito como elemento de desordem e de desagregação social. Ao contrário disso, em todas as correntes de pensamento que se contrapõem ao organicismo afirma-se a ideia de que o contraste entre indivíduos e grupos em concorrência entre si (inclusive entre Estados, donde o elogio da guerra como formadora da virtude dos povos) é benéfico e é uma condição necessária do progresso técnico e moral da humanidade, o qual somente pode derivar da contraposição de opiniões e de interesses diversos, desde que essa contraposição se desenvolva no debate de ideias pela busca da verdade, na competição econômica pelo alcance do maior bem-estar social, na luta política pela seleção dos melhores governantes. Compreende-se assim como é que, partindo dessa concepção geral do homem e da sua história, a liberdade individual entendida como emancipação dos vínculos que a tradição, o costume, as autoridades sacras e profanas impuseram aos indivíduos no decorrer dos séculos, torne-se uma condição necessária para permitir (juntamente com a expressão da "variedade" dos caráteres individuais) o conflito e, no conflito, o aperfeiçoamento recíproco.

No ensaio *Ideia de uma história universal de um ponto de vista cosmopolita* (1784), Kant expressou com o máximo desprendimento a convicção de que o antagonismo é "o meio de que a natureza se serve para realizar o desenvolvimento de todas as suas disposições",[39] entendendo por "antagonismo" a tendência do homem de satisfazer os próprios interesses em concorrência com os interesses de todos os demais: uma tendência que excita todas as suas energias, o induz a vencer a inclinação à preguiça,

---

39. KANT, Immanuel. *Idee zu einer allgemeinem Geschichte in weltbürgerlicher Absicht*, 1784 [Ed. it. *Idea di una Storia Universale dal Punto di Vista Cosmopolitico, in Scritti Politici*, p. 127.] [Ed. bras. *Ideia de uma história universal de um ponto de vista cosmopolita.* São Paulo: Martins Fontes, 2004. p. 8.].

a conquistar um lugar entre os seus consócios. Sobre o significado não somente econômico mas moral da sociedade antagônica em contraposição à sociedade harmônica, Kant formula um juízo que pode muito bem ser considerado o núcleo essencial do pensamento liberal: "Sem a insociabilidade todos os talentos permaneceriam escondidos, em germe, numa vida pastoral arcádica [...]; sem ela os homens, de tão boa índole quanto as ovelhas que apascentam, não dariam valor algum à existência". E do enunciado desse juízo categórico extrai o seguinte hino à sapiência da criação:

> Agradeçamos, pois, à natureza pela intratabilidade que gera, pela vaidade que produz a inveja competitiva, pelo sempre insatisfeito desejo de ter e de dominar! Sem isso, todas as excelentes disposições naturais da humanidade permaneceriam sem desenvolvimento em um sono eterno.[40]

Como teoria do Estado limitado, o liberalismo contrapõe o Estado de direito ao Estado absoluto e o Estado mínimo ao Estado máximo. Por meio da teoria do progresso mediante o antagonismo, entra em campo a contraposição entre os livres Estados europeus e o despotismo oriental. A categoria do despotismo é antiga e sempre teve, além do seu significado analítico, um forte valor polêmico. Com a expansão do pensamento liberal, a ela se acrescentou uma ulterior conotação negativa: precisamente em decorrência da submissão geral – pela qual, como já havia dito Maquiavel, o principado do Turco é governado "por um príncipe e todos os outros são servos",[41] ou então, como dirá Hegel (1770-1831), nos reinos despóticos do Oriente "somente um pode ser livre"[42] –, os Estados despóticos são estacionários e imóveis, não estando sujeitos à lei do progresso indefinido que vale apenas para a Europa civil. Deste ponto de vista, o Estado liberal converte-se, mais que numa categoria política geral, também num critério de interpretação histórica.

---

40. KANT, Immanuel. *Idea di una Storia Universale dal Punto di Vista Cosmopolitico*, *in Scritti Politici*. p. 128 [Ed. bras., p. 9.].

41. MACHIAVELLI, Nicolau. *Il Principe*. cap. 4. *In: Tutte le Opere*. F. Flora (Org.). Milão: Mondadori, 1949. v. 1, p. 14 [Ed. bras. *O Príncipe*. Trad. Lívio Xavier. 4. ed. São Paulo: Edipro, 2015].

42. HEGEL, Georg Wilhelm Friedrich. *Vorlesungen über die Philophie der Geschichte* [Ed. it. *Lezione sulla Filosofia della Storia*. v. 1. Florença: La Nuova Italia, 1947. p. 158.] [Ed. bras. *Filosofia da História*. Brasília: Editora UnB, 1999. p. 93.].

6. Democracia dos antigos e dos modernos

Como teoria do Estado (e também como chave de interpretação da história), o liberalismo é moderno, ao passo que a democracia, como forma de governo, é antiga. O pensamento político grego nos transmitiu uma célebre tipologia das formas de governo, das quais uma é a democracia, definida como governo dos muitos, dos mais, da maioria, ou dos pobres (mas onde os pobres tomam a dianteira é sinal de que o poder pertence ao *pléthos*, à massa), em suma, segundo a própria composição da palavra, como governo do povo, em contraposição ao governo de um [a Monarquia] ou de poucos [a Oligarquia]. Seja o que for que se diga, a verdade é que, não obstante o transcorrer dos séculos e todas as discussões que se travaram em torno da diversidade da democracia dos antigos com respeito à democracia dos modernos, o significado descritivo geral do termo não se alterou, ainda que se tenha alterado, conforme os tempos e as doutrinas, o seu significado valorativo, segundo o qual o governo do povo pode ser preferível ao governo de um ou de poucos e vice-versa. O que se considera ter sido alterado na passagem da democracia dos antigos para a democracia dos modernos, ao menos no juízo dos que consideram ser útil tal contraposição, não é o titular do poder político, que é sempre o "povo", entendido como o conjunto dos cidadãos a quem cabe em última instância o direito de tomar as decisões coletivas, mas o modo (mais amplo ou menos amplo) de exercer esse direito: nos mesmos anos em que, por meio das Declarações de Direitos, nascia o Estado constitucional moderno, os autores de *O Federalista** contrapunham a democracia direta dos antigos e das cidades medievais à democracia representativa, que é o único

*. *O Federalista* era a revista de discussão política dos Pais Constitucionais dos Estados Unidos da América. (N.O.). Os *Federalist Papers* foram veiculados ao longo de 1788, a partir de ensaios publicados na imprensa de Nova York com o objetivo de contribuir para a ratificação da Constituição norte-americana pelos estados. Para argumentar em favor da Constituição, Alexander Hamilton, James Madison e John Jay escreveram 85 artigos, defendendo uma nova forma de governo baseada em um pacto político entre os estados. (N.T.).

governo popular possível em um grande Estado. Hamilton se exprime do seguinte modo:

> É impossível ler a história das pequenas repúblicas da Grécia e da Itália sem experimentar horror e repugnância diante dos distúrbios que continuamente as agitavam e da rápida sucessão de revoluções que as mantinham em estado de perpétua oscilação entre os extremos da tirania e da anarquia.[43]

Madison lhe faz eco:

> Entre as numerosas vantagens prometidas por uma União bem construída, nenhuma merece ser mais cuidadosamente elucidada que sua tendência a deter e controlar a violência e o faccionismo. São esses perigosos vícios os que mais assustam o simpatizante dos governos populares.[44]

Afirmar que o defeito da democracia dos cidadãos fosse o agitar-se das facções era, na realidade, um pretexto que refletia o antigo e sempre recorrente desprezo pelo povo por parte dos grupos oligárquicos: as divisões entre partes contrapostas iriam se reproduzir sob a forma de partidos nas assembleias dos representantes. O que, ao contrário, constituía a única e sólida razão da democracia representativa eram objetivamente as grandes dimensões dos Estados modernos, a começar da própria união das treze colônias inglesas, a respeito de cuja constituição os escritores de *O Federalista* estavam discutindo. Havia reconhecido isso o próprio Rousseau, admirador apaixonado dos antigos que tinha tomado a defesa da democracia direta sustentando que "a soberania não pode ser representada" e, portanto, "o povo inglês pensa ser livre – engana-se redondamente: só o é durante a eleição dos membros do Parlamento; uma vez que são eleitos, ele é escravo, ele não é nada".[45] Rousseau, entretanto, também estava convencido de que "uma verdadeira democracia jamais existiu nem existirá", pois exige, acima de tudo, um Estado bem pequeno, "em que seja fácil reunir o povo"; em segundo lu-

43. HAMILTON, Alexander; MADISON, James; JAY, John. *The Federalist* (1788) [Ed. it. *Il Federalista*. M. D'Addio e G. Negri (Orgs.). Bolonha: Il Mulino, 1980. p. 83.] [Ed. bras. *Os artigos federalistas 1787-1788*. Maria Luiza X. de A. Borges (Ed.). Rio de Janeiro: Nova Fronteira, 1993. p. 128.].

44. *Ibid.*, p. 89 [Ed. bras., p. 133.].

45. ROUSSEAU, Jean-Jacques. *Du Contrat Social*. II, 15 (p. 802) [Ed. bras., p. 87].

gar, "uma grande simplicidade de costumes"; além do mais, "uma grande igualdade de condições e fortunas"; por fim, "pouco ou nenhum luxo". Donde era levado a concluir: "Se houvesse um povo de deuses, estes se governariam democraticamente. Um governo tão perfeito não convém aos homens".[46] Tanto os autores de *O Federalista* quanto os constituintes franceses estavam convencidos de que o único governo democrático adequado a um povo de homens era a democracia representativa, aquela forma de governo em que o povo não toma ele mesmo as decisões que lhe dizem respeito, mas elege seus representantes, que devem por ele decidir. Mas não pensavam de modo algum que instituindo uma democracia representativa acabariam por enfraquecer o princípio do governo popular. Prova disso é que a primeira constituição escrita dos estados da América do Norte, a da Virgínia (1776) – mas a mesma fórmula se encontra também nas constituições sucessivas –, diz: "Todo o poder repousa no povo e, em consequência, dele deriva; os magistrados são seus fiduciários e servidores, e durante todo o tempo são responsáveis por ele"; e o artigo 3º da Declaração de 1789 repete: "O princípio de toda soberania reside essencialmente na nação. Nenhum corpo, nenhum indivíduo pode exercer uma autoridade que não emane expressamente da nação". À parte o fato de que o exercício direto do poder de decisão por parte dos cidadãos não é incompatível com o exercício indireto mediante representantes eleitos, como demonstra a existência de constituições como a italiana vigente (que previu o instituto do *referendum* popular, embora apenas com eficácia ab-rogativa), tanto a democracia direta quanto a indireta descendem do mesmo princípio da soberania popular, apesar de se distinguirem pelas modalidades e pelas formas com que essa soberania é exercida.

De resto, a democracia representativa também nasceu da convicção de que os representantes eleitos pelos cidadãos estariam em melhores condições de avaliar quais seriam os interesses gerais do que os próprios cidadãos, fechados demais na contemplação de seus próprios interesses particulares; portanto, a democracia indireta seria mais adequada precisa-

46. ROUSSEAU, Jean-Jacques. *Du Contrat Social.* II, 15 (p. 777) [Ed. bras., p. 63].

mente para o alcance dos fins a que fora predisposta a soberania popular. Também sob esse aspecto, a contraposição entre democracia dos antigos e democracia dos modernos termina por ser desviante, na medida em que a segunda se apresenta, ou é apresentada, como mais perfeita, com respeito ao fim, do que a primeira. Para Madison, a delegação da ação do governo a um pequeno número de cidadãos de provada sabedoria tornaria "menos provável o sacrifício do bem do país a considerações temporárias ou parciais".[47] Mas isso desde que o deputado, uma vez eleito, se comportasse não como um homem de confiança dos eleitores que o tinham posto no parlamento, mas como um representante da nação inteira. Para que a democracia fosse, em sentido próprio, representativa, era necessário que se excluísse o mandato vinculatório do eleitor para com o eleito, característico do Estado de estamentos, no qual os estamentos, as corporações e os corpos coletivos transmitiam ao soberano, por meio de seus delegados, suas reivindicações particulares. Também nessa matéria o ensinamento vinha da Inglaterra. Burke[48] dissera:

> Exprimir uma opinião é direito de todo homem; a dos eleitores é uma opinião que pesa e deve ser respeitada, e um representante precisa estar sempre pronto a escutá-la... Mas instruções imperativas, mandatos aos quais o membro das Assembleias deve expressa e cegamente obedecer, tais coisas são completamente estranhas às leis dessa terra.[49]

Para tornar formalmente vinculatória a separação entre representante e representado, os constituintes franceses, seguindo a opinião exposta com eficácia por Siéyès (1748-1836)[50], introduziram na Constituição de 1791 a proibição de mandato imperativo com o art. 7º da seção III do capítulo I do título II, que prescreve: "Os representantes nomeados nos departamentos não serão representantes de um departamento particular, mas da nação inteira, e não poderá ser dado a eles ne-

---

47. *The Federalist*, p. 96 [Ed. bras., p. 137].

48. Edmund Burke [1729-1797], estadista e pensador político britânico. (N.O.)

49. BURKE, Edmund. *Speech at the Conclusion of the Poll on his Being Declared Duly Elected, in The Works*. J. Dodsley, v. 2, 1792, p. 15.

50. Emmanuel-Joseph Siéyès (1748-1836), eclesiástico e constitucionalista francês na época da Revolução Francesa. (N.O.)

nhum mandato".[51] Desde então, a proibição feita aos representantes de receber um mandato vinculatório da parte de seus eleitores irá se tornar um princípio essencial para o funcionamento do sistema parlamentar, o qual, exatamente em virtude desse princípio, distingue-se do velho Estado de estamentos em que vigora o princípio oposto da representação corporativa fundada sobre o vínculo de mandato do delegado, que é institucionalmente chamado a defender os interesses da corporação, disso não se podendo distanciar sob pena de perder o direito de representação. A dissolução do Estado de estamentos liberta o indivíduo em sua singularidade e em sua autonomia: é ao indivíduo enquanto tal, não ao membro de uma corporação, que cabe o direito de eleger os representantes da nação – os quais são chamados pelos indivíduos singulares para representar a nação em seu conjunto e devem, portanto, desenvolver sua ação e tomar suas decisões sem qualquer vínculo de mandato. Se por democracia moderna entende-se a democracia representativa, e se à democracia representativa é inerente a desvinculação do representante da nação com respeito ao singular indivíduo representado e aos seus interesses particularistas, então a democracia moderna pressupõe a atomização da nação e a sua recomposição num nível mais elevado e ao mesmo tempo mais restrito que é o das assembleias parlamentares. Mas tal processo de atomização é o mesmo processo do qual nasceu a concepção do Estado liberal, cujo fundamento deve ser buscado, como se disse, na afirmação dos direitos naturais e invioláveis do indivíduo.

7. Democracia e igualdade

O liberalismo dos modernos e a democracia dos antigos foram frequentemente considerados antitéticos, no sentido de que os democratas da antiguidade não conheciam nem a doutrina dos direitos naturais nem o de-

51. Para um comentário sobre o tema, ver VIOLANTE, Piero. *Lo spazio della Rappresentanza. I. Francia 1788-1789*. Palermo: Renzo Mazzone Editore, 1981.

ver do Estado de limitar a própria atividade ao mínimo necessário para a sobrevivência da comunidade. De outra parte, os modernos liberais nasceram exprimindo uma profunda desconfiança para com toda forma de governo popular, tendo sustentado e defendido o sufrágio restrito durante todo o século XIX e também posteriormente. Já a democracia moderna não só não é incompatível com o liberalismo como pode dele ser considerada, sob muitos aspectos, ao menos até certo ponto, uma continuação natural.

Com uma condição: que se tome o termo "democracia" em seu significado jurídico-institucional e não no ético, ou seja, em um significado mais procedimental que substancial. É inegável que historicamente "democracia" teve dois significados predominantes, ao menos na sua origem, conforme se ponha em maior evidência o conjunto das regras cuja observância é necessária para que o poder político seja efetivamente distribuído entre a maior parte dos cidadãos, as assim chamadas regras do jogo, ou o ideal em que um governo deveria se inspirar, que é o da igualdade. Com base nessa distinção costuma-se distinguir a democracia formal da democracia substancial, ou, em outra conhecida formulação, a democracia como governo do povo da democracia como governo para o povo. Não é o caso, aqui, de repetir ainda uma vez que nessas duas acepções a palavra "democracia" é usada em dois significados diversos o suficiente para produzirem inúteis e intermináveis discussões, como a dedicada a saber se é mais democrático um regime em que a democracia formal não se faz acompanhar de uma ampla igualdade ou o regime em que uma ampla igualdade é obtida por meio de um governo despótico. Desde que na longa história da teoria democrática se interpenetram elementos de método e motivos ideais, que somente se encontram fundidos na teoria rousseauniana, cujo ideal fortemente igualitário só encontra realização na formação da vontade geral, ambos os significados são historicamente legítimos. Mas a legitimidade histórica de seu uso não permite qualquer ilação sobre a eventual presença de elementos conotativos comuns.

Dos dois significados, é o primeiro que está historicamente ligado à formação do Estado liberal. No caso de se assumir o segundo, o problema das relações entre liberalismo e democracia torna-se muito complexo, tendo já alimentado debates inconclusivos, havendo motivos para crer que continuará a fazê-lo. De fato, nesse segundo significado o problema das relações entre liberalismo e democracia se resolve no difícil problema das relações entre liberdade e igualdade, um problema que pressupõe uma resposta unívoca a essas duas perguntas: "Qual liberdade? Qual igualdade?".

Em seus significados mais amplos, no caso em que se estendam à esfera econômica respectivamente o direito à liberdade e o direito à igualdade, como ocorre nas doutrinas opostas do liberismo* e do igualitarismo, liberdade e igualdade são valores antitéticos, no sentido de que não se pode realizar plenamente um sem que se limite fortemente o outro: uma sociedade liberal-liberista é inevitavelmente inigualitária, assim como uma sociedade igualitária é inevitavelmente iliberal. Libertarismo e igualitarismo fundam suas raízes em concepções do homem e da sociedade profundamente diversas: individualista, conflitualista e pluralista a liberal; totalizante, harmônica e monista a igualitária. Para o liberal, o fim principal é a expansão da personalidade individual, mesmo se o desenvolvimento da personalidade mais rica e dotada puder se afirmar em detrimento do desenvolvimento da personalidade mais pobre e menos dotada; para o igualitário, o fim principal é o desenvolvimento da comunidade em seu conjunto, mesmo que ao custo de diminuir a esfera de liberdade dos singulares.

A única forma de igualdade que não só é compatível com a liberdade tal como entendida pela doutrina liberal, mas é até mesmo exigida por ela, é a igualdade na liberdade: o que significa que cada um deve gozar de tanta liberdade quanto for compatível com a liberdade dos outros e pode fazer tudo o que não ofenda à igual liberdade dos outros. Praticamente desde as origens do Estado liberal essa forma de igualdade inspira dois princípios fundamentais, que são enunciados em normas constitucionais: a) a igualdade perante a lei; b) a igualdade dos direitos. O primeiro princípio pode ser encontrado nas Constituições francesas de 1791, 1793 e 1795; e depois gradativamente no art. 1º da Carta de 1814, no art. 6º da

*. Como fica claro ao longo de todo o texto de Bobbio, e particularmente no capítulo 16, *infra*, em italiano fala-se em "liberismo" para designar o universo do liberalismo econômico, do livre-cambismo, ficando o termo "liberalismo" reservado para o universo do liberalismo político. (N.T.)

Constituição belga de 1830, no art. 24 do Estatuto Albertino (1848). De igual importância é considerada a XIV Emenda da Constituição dos Estados Unidos, que deseja que a cada cidadão seja assegurada "a igual proteção das leis". O segundo encontra-se afirmado solenemente no art. 1º da *Declaração dos Direitos do Homem e do Cidadão* de 1789: "Os homens nascem e devem permanecer livres e iguais em direitos". Ambos os princípios atravessam toda a história do constitucionalismo moderno e estão conjuntamente expressos no art. 3º, primeiro parágrafo, da constituição italiana vigente: "Todos os cidadãos têm idêntica dignidade social e são iguais perante a lei".

O princípio da igualdade perante a lei pode ser interpretado restritivamente como uma diversa formulação do princípio que circula em todos os tribunais: "A lei é igual para todos". Nesse sentido, significa simplesmente que o juiz deve ser imparcial na aplicação da lei e, como tal, faz parte integrante dos remédios constitutivos e aplicativos do Estado de direito, sendo assim inerente ao Estado liberal pela já mencionada identificação do Estado liberal com o Estado de direito. Extensivamente, isso significa que todos os cidadãos devem ser submetidos às mesmas leis e que devem, portanto, ser suprimidas e não restabelecidas as leis específicas das antigas e singulares ordens ou estamentos: o princípio é igualitário porque elimina uma discriminação precedente. No Preâmbulo da Constituição de 1791, lê-se que os constituintes desejaram abolir "irrevogavelmente as instituições que feriam a liberdade e a igualdade dos direitos", e entre tais instituições são incluídas as mais características instituições feudais. O Preâmbulo se encerra com uma frase: "Não existem mais para parte alguma da nação, nem para algum indivíduo, qualquer privilégio ou exceção ao direito comum de todos os franceses", frase que ilustra *a contrario*[52], como melhor não se poderia desejar, o significado do princípio da igualdade perante a lei como renúncia à sociedade por estamentos e, assim, ainda uma vez, como afirmação da sociedade em que os sujeitos originários são somente os indivíduos *uti singuli*[53].

52. Literalmente, "em sentido contrário". A locução latina *a contrario*, ou *a contrario sensu*, indica o método de afirmar alguma coisa negando a sua negaçao. (N.O.)

53. Em latim no original: coisa ou pessoa considerada individualmente, "indivíduos tratados como singulares". (N.O.)

Quanto à igualdade nos ou dos direitos, ela representa um momento ulterior no igualamento dos indivíduos com respeito à igualdade perante a lei entendida como exclusão das discriminações da sociedade por estamentos: significa o igual usufruto por parte dos cidadãos de alguns direitos fundamentais constitucionalmente garantidos. Ao passo que a igualdade perante a lei pode ser interpretada como uma forma específica e historicamente determinada de igualdade jurídica (por exemplo, no direito de todos de ter acesso à jurisdição comum ou aos principais cargos civis e militares, independentemente do nascimento), a igualdade nos direitos compreende a igualdade em todos os direitos fundamentais enumerados numa constituição, tanto que podem ser definidos como fundamentais aqueles direitos, e somente aqueles, que devem ser usufruídos por todos os cidadãos sem discriminações derivadas da classe social, do sexo, da religião, da raça etc. O elenco dos direitos fundamentais varia de época para época, de povo para povo, e por isso não se pode fixar um elenco de uma vez por todas: pode-se apenas dizer que são fundamentais os direitos que, numa determinada constituição, são atribuídos a todos os cidadãos indistintamente, em suma, aqueles diante dos quais todos os cidadãos são *iguais*.

8. O encontro entre liberalismo e democracia

Nenhum dos princípios de igualdade, acima ilustrados, vinculados ao surgimento do Estado liberal, tem a ver com o igualitarismo democrático, o qual se estende até o ponto de perseguir o ideal de certo igualamento econômico, estranho à tradição do pensamento liberal. Esse foi impulsionado até a aceitação, além da igualdade jurídica, da igualdade das oportunidades, que prevê o igualamento dos pontos de partida, mas não dos pontos de chegada. Com respeito, portanto, aos vários significados possíveis de igualdade, liberalismo e democracia estão destinados a não se encontrar, o que explica, entre outras coisas, a contraposição histórica entre eles durante um longo trecho de estrada. Em que sentido, então, a democracia pode ser considerada como o prosseguimento e o aperfeiçoamento do Estado liberal, ao ponto mesmo de justificar o uso da expressão "liberal-democracia" para designar um certo número de regimes atuais? Não só o liberalismo é compatível com a democracia, mas a democracia pode ser considerada o natural desenvolvimento do Estado liberal somente se tomada não pelo lado de seu ideal igualitário, mas pelo lado da sua fórmula política, que é, como se viu, a soberania popular. O único modo de tornar possível o exercício da soberania popular é atribuindo ao maior número de cidadãos o direito de participar direta e indiretamente na tomada das decisões coletivas; em outras palavras, é a maior extensão dos direitos políticos até o limite último do sufrágio universal masculino e feminino, salvo as restrições à idade (que, em geral, coincidem com a maioridade). Ainda que muitos escritores liberais tenham contestado a oportunidade da extensão do sufrágio universal e no momento da formação do Estado liberal a participação no voto somente era permitida aos proprietários, o sufrágio universal não é, em princípio, adverso nem ao Estado de direito nem ao Estado mínimo. Ao contrário, deve-se dizer que se foi formando tal interdependência entre um e outro que, enquanto no início puderam se formar Estados liberais que não eram democráticos (se não nas declarações de princípio), hoje não seriam mais concebíveis nem Estados liberais não democráticos, nem Estados democráticos que não fossem também liberais. Existem, em suma, boas razões para crer: a) que hoje o método democrático é necessário para a salvaguarda dos direitos fundamentais da pessoa, que estão na base do Estado liberal; b) que a salvaguarda desses direitos é necessária para o correto funcionamento do método democrático.

Com respeito ao primeiro ponto, deve-se observar o que segue: a maior garantia de que os direitos de liberdade sejam protegidos contra a tendência dos governantes de limitá-los e suprimi-los está na possibilidade que os cidadãos tenham de defendê-los contra os eventuais abusos. O melhor remédio contra o abuso de poder sob qualquer forma – mesmo que "melhor" não queira de modo algum dizer nem ótimo nem infalível – é a participação direta ou indireta dos cidadãos, do maior número de cidadãos, na formação das leis. Sob esse aspecto, os direitos políticos são um complemento natural dos direitos de liberdade e dos direitos civis, ou, para usar as conhecidas expressões tornadas célebres por Jellinek (1851-1911)[54], os *iura activae civitatis*[55] constituem a melhor salvaguarda dos *iura libertatis civitatis*[56], aquela salvaguarda que em um regime não fundado na soberania popular depende unicamente do direito natural de resistência à opressão.

Com respeito ao segundo ponto, que se refere não mais à necessidade da democracia para a sobrevivência do Estado liberal mas, inversamente, ao reconhecimento dos direitos invioláveis da pessoa nos quais se funda o Estado liberal para o bom funcionamento da democracia, deve-se observar que a participação no voto pode ser considerada como correto e eficaz exercício de um poder político, isto é, do poder de influenciar a formação das decisões coletivas, somente se se desenvolver livremente, quer dizer, somente se o indivíduo que vai às urnas para expressar o próprio voto gozar das liberdades de opinião, de imprensa, de reunião, de associação, de todas as liberdades que constituem a essência do Estado liberal, e que, enquanto tal, são tidos como pressupostos necessários para que a participação seja real e não fictícia.

Ideais liberais e método democrático foram gradualmente se combinando em um modo tal que, se é verdade que os direitos de liberdade foram, desde o início, a condição necessária para a direta aplicação das regras do jogo democrático, é igualmente verdadeiro que, em seguida, o desenvolvimento da democracia se tornou o principal instrumento para a defesa dos direitos de liberdade. Hoje somente os Estados nascidos das revoluções liberais são democráticos e somente os Estados democráticos protegem os direitos do homem: todos os Estados autoritários do mundo são simultaneamente antiliberais e antidemocráticos.

---

54. Georg Jellinek, e pensador político alemão. (N.O.)

55. Em latim no original: *iura activae civitatis* são os "direitos de cidadania ativa". (N.O.)

56. Em latim no original: *iura libertatis civitatis* são os "direitos de liberdade e cidadania". (N.O.)

9. Individualismo e organicismo

O nexo recíproco entre liberalismo e democracia é possível porque ambos têm um ponto de partida comum: o indivíduo. Ambos repousam sobre uma concepção individualista da sociedade. Toda a história do pensamento político está dominada por uma grande dicotomia: organicismo (holismo) e individualismo (atomismo). Mesmo que o movimento não seja retilíneo, pode-se dizer com certa aproximação que o organicismo é antigo e o individualismo é moderno (ou pelo menos dele se pode fazer começar a teoria do Estado moderno): uma contraposição historicamente mais correta que a proposta por Constant entre democracia (antiga) e liberalismo (moderno). Ao passo que o organicismo considera o Estado como um grande corpo composto de partes que contribuem – cada uma segundo sua própria destinação e em relação de interdependência com todas as demais – para a vida do todo, e, portanto, não atribui nenhuma autonomia aos indivíduos *uti singuli*, o individualismo considera o Estado como um conjunto de indivíduos e como o resultado da atividade deles e das relações por eles estabelecidas entre si. O princípio constitutivo do organicismo foi formulado em definitivo por Aristóteles, nas primeiras páginas da *Política*: "o todo necessita preceder a parte; pois, quando o todo for suspenso, não haverá nem mãos nem pés", com a consequência de "que a cidade existe por natureza e que precede o indivíduo".[57] Para se encontrar uma completa e perfeitamente consciente teoria individualista é preciso chegar a Hobbes, que parte da hipótese de um estado de natureza em que existem apenas indivíduos separados uns dos outros por suas paixões e por seus interesses contrapostos, indivíduos obrigados a se unir de comum acordo numa sociedade política para fugir da destruição recíproca. Essa reviravolta do ponto de partida tem consequências decisivas para o nascimento do pensamento liberal e democrático moderno. No que diz respeito ao liberalismo, uma coerente concepção orgânica, que considera o Estado como uma totalidade ante-

57. ARISTÓTELES. *Política*. 1253a [Ed. it. C. A. Viano (Org.), Turim: Utet, 1955.] [Ed. bras. *Política*. Trad. Maria Aparecida de Oliveira Silva. São Paulo: Edipro, 2019. p. 34.].

rior e superior às suas partes, não pode conceder nenhum espaço a esferas de ação independentes do todo, não pode reconhecer uma distinção entre esfera privada e esfera pública, nem justificar a subtração dos interesses individuais, que são contemplados nas relações com outros indivíduos (o mercado), ao interesse público. No que diz respeito à democracia, que se funda em uma concepção ascendente do poder, o organicismo, fundando-se, ao contrário, em uma concepção descendente, se inspira em modelos autocráticos de governo: difícil imaginar um organismo em que sejam os membros a comandar e não a cabeça.

Resta dizer que, embora sendo o liberalismo e a democracia concepções individualistas, o indivíduo do primeiro não é o mesmo indivíduo da segunda, ou, para dizer melhor, o interesse individual que o primeiro se propõe a proteger não é o mesmo que é protegido pela segunda. O que pode servir para explicar, ainda uma vez, porque a combinação entre liberalismo e democracia não somente é possível, como também necessária.

Nenhuma concepção individualista da sociedade prescinde do fato de que o homem é um ser social, nem considera o indivíduo isolado. O individualismo não deve ser confundido com o anarquismo filosófico ao modo de Stirner (1806-1856)[58]. Mas as relações do indivíduo com a sociedade são vistas pelo liberalismo e pela democracia de modo diverso: o primeiro extrai o singular do corpo orgânico da sociedade e o faz viver, ao menos por uma larga parte da sua vida, fora do ventre materno, pondo-o no mundo desconhecido e pleno de perigos da luta pela sobrevivência; a segunda o reaproxima dos outros homens, a ele semelhantes, para que da sua união a sociedade seja recomposta não mais como um todo orgânico, mas como uma associação de indivíduos livres. O primeiro reivindica a liberdade individual tanto na esfera espiritual quanto na econômica contra o Estado; a outra reconcilia o indivíduo com a sociedade fazendo desta o produto de um acordo dos indivíduos entre si. O primeiro faz do singular o protagonista de toda atividade que se desenrola fora do Estado; a segunda o faz protagonista de uma distinta forma de Estado, na qual as decisões coletivas são tomadas diretamente pelos singulares ou por seus delegados ou representantes. Do indivíduo, o primeiro põe em evidência a capacidade de se

58. Max Stirner, filósofo alemão de derivação hegeliana. (N.O.)

autoformar, de desenvolver as próprias faculdades, de progredir intelectual e moralmente em condições de máxima liberdade em relação a vínculos externos impostos coercitivamente; a segunda exalta, sobretudo, a capacidade de superar o isolamento mediante vários expedientes que permitam a instituição de um poder comum não tirânico. Das duas faces do indivíduo, o liberalismo observa a que está voltada para o interior; a democracia, a voltada para o exterior. Trata-se de dois indivíduos potencialmente diversos: o indivíduo como microcosmo ou totalidade em si mesma completa, e o indivíduo como partícula indivisível (átomo), mas diversamente componível e recomponível com outras partículas semelhantes em uma unidade artificial (e, portanto, sempre decomponível).

Tanto o individualismo liberal quanto o individualismo democrático nascem, como se disse, em contraste com as várias formas de organicismo, mas mediante dois processos diversos: o primeiro, por gradual corrosão da totalidade, por meio da qual os indivíduos, como filhos tornados maiores de idade, se separam do grupo primitivo onipotente e onipresente e conquistam espaços sempre mais amplos de ação pessoal; o segundo, por dissolução interna da compacta unidade global, donde se formam partes independentes umas das outras, e todas juntas independentes do inteiro, e começam a viver vida própria. O primeiro processo tem por efeito a redução aos mínimos termos do poder público; o segundo o reconstitui, mas como soma de poderes particulares, o que é evidente no contratualismo que funda o Estado sobre um instituto jurídico, como o contrato, próprio da esfera do direito privado, onde se encontram vontades particulares para a formação de uma vontade comum.

10. Liberais e democratas no século XIX

No continente europeu, a história do Estado liberal e da sua continuação no Estado democrático pode ter seu início fixado justamente na era da restauração que, com certa ênfase retórica – não desprezível no ano do "décimo aniversário" do regime fascista, quando aquelas páginas foram publicadas (1932) –, Benedetto Croce (1866-1952)[59] chamou de era da "religião da liberdade", na qual acreditava ver o "período germinal" de uma nova civilização.[60] Em seu conceito de liberdade, Croce incluía sem maiores distinções tanto a liberdade liberal, por exemplo, na passagem em que fala de "substituição do absolutismo de governo pelo constitucionalismo", quanto a liberdade democrática, ao falar das "reformas no eleitorado e da ampliação da capacidade política", às quais acrescenta a "libertação do domínio estrangeiro" (ou liberdade como independência nacional). Mas, em relação ao "período germinal", embora não desejando chegar às "florestas germânicas" em que teria nascido a liberdade dos modernos, segundo Montesquieu[61] retomado por Hegel, a teoria e a práxis moderna do Estado liberal tinham, na verdade, começado na Inglaterra do século XVII, que permaneceu por séculos o modelo ideal para a Europa e os Estados Unidos da América. Naquele cadinho de ideias, naquele pulular de seitas religiosas e de movimentos políticos que foi a revolução puritana, abriram caminho todas as ideias de liberdade pessoal, de religião, de opinião e de imprensa destinadas a se tornarem o patrimônio duradouro do pensamento liberal. Em seu desfecho sangrento, se havia afirmado a superioridade do parlamento sobre o rei, que, embora gradualmente, com altos e baixos, terminaria por impor o Estado representativo como forma ideal de constituição, cuja eficácia ainda subsiste (inclusive porque não foi substituído por nada melhor); a doutrina da separação dos poderes inspirou Montesquieu e, por meio dele, o constitucionalismo americano e europeu.

Se por democracia se entende, como fazemos aqui, a extensão dos direitos políticos a todos os cidadãos maiores de idade, então o ideal democrático teve sua primeira afirmação forte nos anos da *great rebellion*; foram de fato os Niveladores* que, no *Pacto do Livre Povo Inglês* (1649),

59. Filósofo, historiador e estadista italiano, nascido na região de Abruzzi e radicado em Nápoles. Foi o antifascista mais conhecido no exterior. (N.O.)

60. CROCE, Benedetto. *Storia d'Europa nel Secolo Decimonono*. Bari: Laterza, 1932. p. 21.

61. Charles-Louis de Secondat, barão de Montesquieu [1689-1755], filósofo e polemista político francês. (N.O.)

*. Os *Levellers* (Niveladores) foram um grupo político de tendências radicais no campo social surgido durante a Primeira Revolução Inglesa (1642-1645). (N.O.). – Compostos

afirmaram pela primeira vez, contra o princípio dominante (e mantido intangível por ao menos dois séculos) da limitação dos direitos políticos somente aos proprietários, o princípio democrático segundo o qual

> a suprema autoridade da Inglaterra e dos territórios a ela incorporados será e residirá de agora em diante numa representação do povo composta por quatrocentas pessoas, não mais, na eleição das quais – justa a lei da natureza – todos os homens maiores de vinte e um anos [...] terão direito de voto e serão elegíveis para aquele cargo supremo.[62]

Além do mais, somente na Inglaterra, a partir da segunda revolução (1688), a passagem da monarquia constitucional à monarquia parlamentar, da monarquia limitada à democracia alargada, ocorreu por evolução interna, sem tremores violentos ou retrocessos, por meio de um processo gradual e pacífico.

Na França, que sob tantos aspectos foi um guia para a Europa continental, o processo de democratização foi bem mais acidentado: a tentativa de impô-lo pela força na revolução de 1848, rapidamente debelada, levou à instauração de um novo regime cesarista (o segundo império de Napoleão III). Ao passo que o último regime cesarista inglês, a ditadura de Cromwell, estava já distante, na França a rápida passagem da república jacobina ao império napoleônico suscitou nos escritores fortes sentimentos liberais antidemocráticos, que não morrerão tão cedo e deixarão profundas marcas no debate sobre a possível e desejável continuidade entre Estado liberal e Estado democrático. Junto aos escritores conservadores tornou-se quase um lugar-comum, não sem reminiscências clássicas, em particular platônicas, a tese segundo a qual democracia e tirania são as duas faces de uma mesma moeda e o cesarismo nada mais havia sido do que a natural e terrível consequência da desordem provocada pelo advento da república e dos demagogos. Nas últimas páginas de *A democracia na América*, Tocqueville (1805-1859)[63] formulará sua célebre profecia:

---

basicamente por pequenos proprietários rurais, defendiam a república, o sufrágio universal, a representação no Parlamento para todos os homens livres, o livre comércio, a separação entre Igreja e Estado. Foram violentamente reprimidos quando Oliver Cromwell se impôs sobre o Conselho de Estado e o Parlamento. (N.T.)

62. Ver GABRIELI, Vittorio. *Puritanesimo e Libertà*. Turim: Einaudi, 1956. p. 155-6.

63. Alexis de Tocqueville, político, teórico político e historiador francês. (N.O.)

> Quero imaginar sob que novos traços o despotismo poderia se produzir no mundo: vejo uma multidão incontável de homens semelhantes e iguais que giram sem descanso sobre si mesmos para se proporcionarem pequenos e vulgares prazeres com que enchem suas almas. [...]. Acima desses se eleva um poder imenso e tutelar que se encarrega sozinho de garantir seus prazeres e de zelar por seu destino. Ele é absoluto, detalhado, regular, previdente e doce. [64]

A passagem ainda mais rápida da efêmera república (1848) ao Segundo Império pareceu dar razão ao clarividente descobridor da democracia americana.

Por todo o século XIX os processos de liberalização e de democratização continuaram a se desenvolver, ora conjuntamente, ora separadamente, conforme o alargamento do sufrágio fosse considerado uma necessária integração do Estado liberal ou um obstáculo ao seu desenvolvimento, um acréscimo ou uma diminuição de liberdade. À base desse diverso modo de viver a relação entre Estado liberal e democracia, prolongou-se no amplo alinhamento liberal a contraposição entre um liberalismo radical, ao mesmo tempo liberal e democrático, e um liberalismo conservador, liberal mas não democrático, que jamais renunciou à batalha contra qualquer proposta de alargamento do direito de voto, visto como uma ameaça à liberdade. Do mesmo modo, no âmbito do amplo alinhamento democrático, passaram a existir democratas liberais e democratas não liberais, esses segundos mais interessados na distribuição do poder que em sua limitação, mais nas instituições do autogoverno que na divisão do governo central, mais na separação horizontal que na vertical dos poderes, mais na conquista da esfera pública que na cuidadosa defesa da esfera privada. Ao passo que liberais democratas e democratas liberais terminarão por confluir uns nos outros na promoção gradual das várias etapas, mais ou menos numerosas, do alargamento dos direitos políticos até o sufrágio universal, os democratas puros ficarão próximos dos primeiros movimentos socialistas, embora numa relação frequentemente de concorrência,

64. TOCQUEVILLE, Alexis de. *De la démocratie en Amérique* (1835-1840) [Ed. it. MATTEUCI, N. (Org.). *Scritti Politici*. v. 2. Turim: Utet, p. 812.] [Ed. bras. *A democracia na América*. Trad. Julia da Rosa Simões. São Paulo: Edipro, 2019. p. 731.].

como aconteceu na Itália com o partido mazziniano*. Entre os democratas puros e os liberais conservadores, a distância é tamanha que faz com que sejam reciprocamente incompatíveis.

Esquematicamente, a relação entre liberalismo e democracia pode ser representada segundo estas três combinações: *a*) liberalismo e democracia são compatíveis e, portanto, componíveis, no sentido de que pode existir um Estado liberal e democrático sem, porém, que se possa excluir um Estado liberal não democrático e um Estado democrático não liberal (o primeiro é o dos liberais conservadores; o segundo, o dos democratas radicais); *b*) liberalismo e democracia são antitéticos, no sentido de que a democracia levada às suas extremas consequências termina por destruir o Estado liberal (como sustentam os liberais conservadores) ou somente pode se realizar de modo pleno em um Estado social que tenha abandonado o ideal do Estado mínimo (como sustentam os democratas radicais); *c*) liberalismo e democracia estão ligados necessariamente um à outra, no sentido de que somente a democracia está em condições de realizarplenamente os ideais liberais e apenas o Estado liberal pode ser a condição de realização da democracia. Usando as categorias da lógica aristotélica da modalidade, quanto a *a*, a relação é de possibilidade (liberalismo *vel* democracia); quanto a *b*, a relação é de impossibilidade (liberalismo *aut* democracia); quanto a *c*, é de necessidade (liberalismo *e* democracia). No mesmo momento em que a democracia, como forma de governo, se conjuga tanto com o liberalismo quanto com o socialismo, também a relação entre democracia e socialismo pode ser representada de igual modo como relação de possibilidade ou de possível coexistência, de impossibilidade (por parte dos democratas liberais ou, no extremo oposto, dos defensores da ditadura do proletariado), ou de necessidade, como nas doutrinas e nos movimentos social-democratas, segundo os quais somente por meio da democracia se realiza o socialismo e somente no socialismo o processo de realização da democracia chega à sua plena execução.

*. Referência a Giuseppe Mazzini (1805-1872), agitador político e pensador político do *Risorgimento* italiano. (N.O.) – As associações secretas foram a essência do "partido mazziniano". Mazzini era adepto de uma via revolucionária para a constituição da nação italiana, processo esse que deveria se orientar por critérios de igualdade social e fraternidade, contrapondo-se aos regimes despóticos então predominantes. Mesclava ideias liberais e messiânicas numa base geral marcada pelo romantismo. (N.T.)

11. A TIRANIA DA MAIORIA

As duas alas do liberalismo europeu, a mais conservadora e a mais radical, são bem representadas, respectivamente, pelos dois maiores escritores liberais do século passado, Alexis de Tocqueville e John Stuart Mill (1807-1873)*. Eles foram contemporâneos (o primeiro nasceu em 1805; e o segundo, em 1807), chegaram a se conhecer e se estimaram. Mill escreveu na *Londres Review*, órgão dos radicais ingleses, uma longa resenha do primeiro volume de *A democracia na América*.[65] Na obra sobre a democracia representativa, publicada quando o amigo já estava morto (1861), recorda aos seus leitores aquela *great work*.[66] Da sua parte, Tocqueville, ao receber já moribundo o ensaio sobre a liberdade, escreve ao autor: "Não duvido que você sinta a todo instante que neste terreno da liberdade não possamos caminhar sem nos darmos a mão".[67] Mesmo considerando a diferença de tradições, de cultura e de temperamento, a obra dos dois grandes escritores representa bem o que de comum havia nas duas maiores tradições do pensamento liberal europeu, a inglesa e a francesa. Tocqueville havia dedicado anos de estudo e de reflexão à democracia de uma sociedade nova e projetada para o futuro, como a americana; Mill, de outra parte, menos insular que muitos de seus compatriotas, conhecia o pensamento francês, a começar de Comte (1798-1857)[68].

---

*. Filósofo e economista político inglês, considerado um dos principais expoentes da corrente filosófica do positivismo. (N.O.) – Mill foi um dos mais influentes pensadores do século XIX, especialmente graças à sua concepção de liberdade centrada no indivíduo em oposição ao controle estatal. Pioneiro na defesa da condição feminina, contribuiu significativamente para a afirmação do método científico nos estudos sociais. Foi membro do Parlamento pelo Partido Liberal inglês. (N.T.)

65. MILL, John Stuart. S. Tocqueville on Democracy in America. *In: Londres Review*, jun.-jan., 1835-1936, p. 85-129 [Ed. it. D. Cofrancesco (Org.). Nápoles: Guida, 1971. p. 90-169.].

66. *Id. Considerations on Representative Government, in Colected Papers of John Stuart Mill.* v. 19. Londres: University of Toronto Press; Routledge and Kegan Paul, 1977. p. 468 [Ed. bras. *Considerações sobre o Governo representativo.* Trad. Manoel Innocêncio de L. Santos Jr. Brasília: UnB, 1981.].

67. "Tocqueville on Democracy in America", *op. cit.*, p. 13.

68. Auguste Comte, filósofo francês, criador da Sociologia e do positivismo. (N.O.)

Tocqueville foi antes liberal que democrata. Estava firmemente convencido de que a liberdade, principalmente a liberdade religiosa e moral (mais que a econômica), era o fundamento e o fermento de todo poder civil. Mas havia compreendido que o século nascido da revolução caminhava impetuosa e inexoravelmente em direção à democracia. Era um processo incontrolável. Na introdução à primeira parte (Livro I) da sua obra (1835), perguntou-se:

> Acredita-se que depois de ter destruído o feudalismo e vencido os reis, a democracia recuará diante dos burgueses e dos ricos? Deter-se-á agora que se tornou tão forte e seus adversários, tão fracos?[69]

Tocqueville explicava que o seu livro fora escrito sob a impressão de uma espécie de terror religioso perante a "revolução irresistível" que, sobrepujando todos os obstáculos, continuava a avançar em meio às ruínas por ela mesma produzidas. Por toda a vida, após a viagem aos Estados Unidos em que procurara compreender as condições de uma sociedade democrática num mundo tão diverso do europeu e na qual pudera apreender "a imagem da própria democracia", foi assediado pela pergunta: "Poderá a liberdade sobreviver, e como, na sociedade democrática?".

Na linguagem de Tocqueville, "democracia" significa, por um lado, como forma de governo em que todos participam da coisa pública, o contrário de aristocracia; por outro lado, significa a sociedade que se inspira no ideal da igualdade e que, ao se estender, acabará por submergir as sociedades tradicionais fundadas em uma ordem hierárquica imutável. A ameaça que deriva da democracia como forma de governo é para ele, como para o amigo John Stuart Mill, a tirania da maioria: o perigo que a democracia corre como progressiva realização do ideal igualitário é o nivelamento, cujo resultado final é o despotismo. São duas formas diversas de tirania, e ambas, portanto, ainda que de maneira diversa, são a negação da liberdade. O fato de que na obra de Tocqueville esses dois significados de democracia jamais tenham sido muito bem esclarecidos pode induzir o leitor a juízos diversos, se não opostos, sobre a postura tocquevilliana a

---

69. TOCQUEVILLE, Alexis de. *De la Démocratie en Amérique*. v. II. p. 19 [Ed. bras. *A democracia na América*. Trad. Julia da Rosa Simões. São Paulo: Edipro, 2019. p. 16.].

respeito da democracia. Considerada a democracia não como conjunto de instituições das quais a mais característica é a participação do povo no poder político, mas como sistema que exalta o valor da igualdade não só política como social (ou igualdade das condições em detrimento da liberdade), Tocqueville se revela sempre um escritor liberal e não democrático. Jamais mostra a menor hesitação em antepor a liberdade do indivíduo à igualdade social, na medida em que está convencido de que os povos democráticos, apesar de terem uma inclinação natural para a liberdade, têm pela igualdade "uma paixão ardente, insaciável, eterna, invencível" e embora desejem "a igualdade na liberdade" são também capazes, se não a podem obter, de desejarem a igualdade também na escravidão.[70] Estão dispostos a suportar a pobreza, não a aristocracia.

À tirania da maioria, Tocqueville dedica o capítulo sétimo da segunda parte do Livro I de *A democracia na América*. O princípio de maioria é um princípio igualitário na medida em que pretende fazer com que prevaleça a força do número sobre a força da individualidade singular; repousa sobre o argumento de que "há mais luzes e sabedoria em muitos homens reunidos do que num só, no número de legisladores do que na escolha. É a teoria da igualdade aplicada às inteligências.".[71]

Entre os efeitos deletérios da onipotência da maioria estão a instabilidade do Legislativo, a conduta frequentemente arbitrária dos funcionários, o conformismo das opiniões, a redução do número de homens ilustres na cena política. Para um liberal como Tocqueville, o poder é sempre nefasto, não importa se régio ou popular. O problema político por excelência é o relativo não tanto a quem detém o poder quanto ao modo de controlá-lo e limitá-lo. O bom governo não se julga pelo número grande ou pequeno dos que o possuem, mas pelo número grande ou pequeno das coisas que lhe é lícito fazer.

> A onipotência me parece em si uma coisa ruim e perigosa.[...] Não existe sobre a Terra, portanto, autoridade tão respeitável em si mesma,

---

70. TOCQUEVILLE, Alexis de. *De la Démocratie en Amérique*. v. II, p. 288 [Ed. bras., p. 544].

71. *Ibid.*, II, p. 293 [Ed. bras., p. 294].

> ou revestida de um direito tão sagrado, que eu deixasse agir sem controle e dominar sem obstáculos. Quando vejo concederem o direito e a faculdade de fazer tudo a um poder qualquer, quer o chamem de povo ou rei, democracia ou aristocracia, quer o exerçam numa monarquia ou numa república, digo que aí está o germe da tirania e procuro ir viver sob outras leis.[72]

Tocqueville teve aguda compreensão da inconciliabilidade em última instância do ideal liberal – para o qual o que conta é a independência da pessoa na sua esfera moral e sentimental – com o ideal igualitário, que deseja uma sociedade composta, tanto quanto possível, por indivíduos semelhantes nas aspirações, nos gostos, nas necessidades e nas condições. Jamais teve muitas ilusões a respeito da sobrevivência da liberdade na sociedade democrática, embora nunca se tenha resignado a aceitar para os seus contemporâneos e para as gerações futuras o destino dos servos satisfeitos. São memoráveis as últimas páginas do segundo livro da sua "grande obra" (publicado em 1840), nas quais sente que se aproxima o momento em que a democracia irá se traduzir em seu contrário, por portar em si os germes do novo despotismo, sob a forma de um governo centralizado e onipresente. A sugestão da democracia dos antigos desaprovada por Constant, e, portanto, da onipotente vontade geral de Rousseau, faz com que ele afirme:

> Nossos contemporâneos [...]. Imaginam um poder único, tutelar, onipotente, mas eleito pelos cidadãos. Combinam a centralização com a soberania do povo. Isso lhes dá certo alívio. Eles se consolam de estar sob tutela, pensando terem escolhido seus tutores. [...] Nesse sistema, os cidadãos saem um momento da dependência para indicar seu senhor, depois voltam a ela.[73]

Não, a democracia, entendida como participação direta ou indireta de todos no poder político, não é por si só remédio suficiente contra a tendência a se constituírem sociedades cada vez menos livres: "é difícil acreditar que um governo liberal, enérgico e sensato jamais possa ser o resultado dos sufrágios de um povo de servidores.".[74] Os remédios,

72. TOCQUEVILLE, Alexis de. *De la Démocratie en Amérique*. v. II, p. 299 [Ed. bras., p. 299].

73. *Ibid.*, II, p. 813 [Ed. bras., p. 732].

74. *Ibid.*, II, p. 815 [Ed. bras., p. 734].

que Tocqueville acredita ainda existirem e não se cansará de propor, são os clássicos remédios da tradição liberal, acima de tudo a defesa de algumas liberdades individuais, como a liberdade de imprensa, a liberdade de associação, e, em geral, a defesa dos direitos do indivíduo que os Estados democráticos tendem a desconsiderar em nome do interesse coletivo, e, portanto, o respeito às formas que garantam, ao menos, a igualdade perante o direito e, por fim, a descentralização.

Pela mesma razão porque foi antes liberal que democrata, Tocqueville jamais chegou a ser tentado pelo socialismo, pelo qual manifestou em várias ocasiões a mais profunda aversão. Pode-se ser democrata e liberal, democrata e socialista, mas é muito difícil ser ao mesmo tempo liberal e socialista. Radicalmente não democrático quando deseja confrontar a democracia com o sublime ideal da liberdade, Tocqueville torna-se um defensor da democracia quando o adversário a ser refutado é o socialismo, no qual vê a confirmação do Estado coletivista que daria vida a uma sociedade de castores e não de homens livres. Num discurso sobre o direito ao trabalho proferido na Assembleia Constituinte, em 12 de setembro de 1848, evoca e exalta a democracia americana, observando, entre outras coisas, ser ela completamente imune ao perigo socialista e afirmando que democracia e socialismo não são, de fato, solidários: "São coisas não apenas diferentes mas contrárias". Têm em comum uma única palavra, a igualdade. "Mas estejam atentos à diferença, conclui: a democracia deseja a igualdade na liberdade e o socialismo deseja a igualdade na moléstia e na servidão".[75]

12. Liberalismo e utilitarismo

Diferentemente de Tocqueville, Mill foi liberal e democrata: considerou a democracia, e em particular o governo representativo (que ele também chamava de "governo popular"), como o desenvolvimento natural e

75. TOCQUEVILLE, Alexis de. *Discours sur la révolution sociale* (1848). *In*: *Scritti Politici*. v. 1. p. 289.

consequente dos princípios liberais. Não que ele também não percebesse os males de que sofria o governo democrático. Mas buscou remediá-los com maior confiança num futuro de progresso gradual e necessário. Em seus últimos escritos considera até mesmo como não incompatíveis o liberalismo e o socialismo. Suas duas principais obras de teor político (ele foi, sobretudo, um filósofo e um economista) são intituladas, respectivamente, *Sobre a Liberdade* (1859) e *Considerações sobre o Governo Representativo* (1863). Tocqueville foi um historiador e um escritor político; Mill foi também um teórico da política e, bem mais que seu admirado amigo francês, teve a vocação e o talento do reformador.

Como teórico, remetendo-se à filosofia utilitarista de seu mestre maior, Jeremy Bentham (1748-1832)[76], pôs a doutrina liberal sobre um fundamento diverso do dos escritores precedentes, dando vida (ou, para dizer melhor, dando notável sustentação) à corrente do liberalismo que em seguida será largamente prevalecente. A doutrina precedente havia fundado o dever dos governantes de restringir o exercício do poder público sobre a existência de direitos naturais, e por isso invioláveis, dos indivíduos. Num escrito de 1795, *Anarchical Fallacies* [*Falácias Anárquicas*], Bentham desfechara violento ataque contra as Declarações francesas de direitos, pondo em relevo, com corrosiva ironia, sua debilidade filosófica, sua inconsistência lógica e seus equívocos verbais, além de sua total ineficácia prática. A propósito da declaração segundo a qual todos os homens nascem livres, exclama: "Absurda e miserável bobagem!". E explica: "Não existe nada semelhante a direitos naturais, nada semelhante a direitos anteriores às instituições de governo, nada semelhante a direitos naturais opostos ou em contradição com os direitos legais".[77] Em contraposição à secular tradição do jusnaturalismo, Bentham formula o "princípio de utilidade", segundo o qual o único critério que deve inspirar o bom legislador é o de emanar leis que tenham por efeito a maior felicidade do maior

76. Filósofo, jurista e economista inglês, fundador da corrente filosófica do Utilitarismo. (N.O.)

77. BENTHAM, Jeremy. *Anarchical Fallacies. In*: BOWRING, J. (Org.). *The Works*. v. 2. Edimburgo: William Tait, p. 500.

número. O que quer dizer que, se devem existir limites ao poder dos governantes, eles não derivam da pressuposição bizarra de inexistentes, e de modo algum demonstráveis, direitos naturais do homem, mas da consideração objetiva de que os homens desejam o prazer e rejeitam a dor, e, em consequência, a melhor sociedade é a que consegue obter o máximo de felicidade para o maior número de seus integrantes. Na tradição do pensamento anglo-saxão, que certamente é a que forneceu a mais duradoura e coerente contribuição ao desenvolvimento do liberalismo, a partir de Bentham, utilitarismo e liberalismo passam a caminhar no mesmo passo, e a filosofia utilitarista torna-se a maior aliada teórica do Estado liberal. A passagem do jusnaturalismo ao utilitarismo assinala, para o pensamento liberal, uma verdadeira crise dos fundamentos, que chegará até o renovado debate a respeito dos direitos do homem desses últimos anos.

Mill é um utilitarista declarado e convicto:

> A doutrina que admite a utilidade, ou o princípio da máxima felicidade, como fundamento da moralidade sustenta que as ações humanas estão certas na medida em que tendem a promover a felicidade, erradas na medida em que tendem a promover o reverso da felicidade.[78]

E entende a felicidade benthamianamente, como prazer ou ausência de dor, a infelicidade como dor ou privação do prazer. Por outro lado, como doutrina moral que critica e refuta qualquer outra forma de fundamento da obrigação moral que não seja a que faz referência ao prazer e à dor, o utilitarismo se preocupa não com a utilidade do indivíduo isolado com respeito à dos outros indivíduos, mas com a utilidade social; não com "a felicidade do próprio agente, mas com a felicidade de todos os envolvidos", tal como pode ser avaliada por um "espectador benevolente e desinteressado".[79] Sucessivamente, e em coerência com a crítica benthamiana dos direitos naturais, Mill rejeita a tentação de recorrer à doutrina jusnaturalista para fundar e justificar o limite do poder do Estado. Afir-

---

78. MILL, John Stuart. *Utilitarianism* (1863) [Ed. it. MUSACCHIO, E. (Org.). Bolonha: Cappelli, 1981. p. 58.] [Ed. port. *Utilitarismo*. Introdução, tradução e notas de Pedro Galvão. Porto: Porto Editora, 2005. p. 48.].

79. *Ibid.*, p. 68 [Ed. port., p. 58.].

ma expressamente na introdução de *Sobre a Liberdade*, na qual apresenta e propõe os princípios inspiradores da sua doutrina: "É oportuno declarar que renuncio a qualquer vantagem que para minha argumentação possa derivar da ideia de direito abstrato como algo independente da utilidade", pois "considero a utilidade como o critério último em todas as questões éticas", desde que se trate "da utilidade em seu sentido mais amplo, a utilidade baseada nos interesses permanentes do homem como ser progressivo".[80]

Seguindo a trilha da tradição do pensamento liberal, a liberdade pela qual se interessa Mill é a liberdade negativa, ou seja, a liberdade entendida como situação na qual se encontra um sujeito (que tanto pode ser um indivíduo quanto um grupo que age como um todo único) que não está impedido por qualquer força externa de fazer aquilo que deseja e não está constrangido a fazer aquilo que não deseja. Trata-se para Mill, então, de formular um princípio com base no qual sejam estabelecidos, por um lado, os limites nos quais é lícito ao poder público restringir a liberdade dos indivíduos; por outro lado, e correspondentemente, o âmbito no qual os indivíduos ou os grupos possam agir sem encontrar obstáculos no poder do Estado: trata-se, então, em outras palavras, de delimitar a esfera privada com respeito à pública de modo que o indivíduo possa gozar de uma liberdade protegida contra a invasão por parte do poder do Estado, liberdade essa que deverá ser a mais ampla possível tendo em vista a necessária harmonização do interesse individual com o interesse coletivo. O princípio proposto por Mill é o seguinte: "a única finalidade justificada da interferência dos homens, individual e coletivamente, na liberdade de ação de quem quer que seja é a autoproteção", razão pela qual "o único propósito com que se legitima o exercício de um poder sobre qualquer membro de uma comunidade civilizada contra a sua vontade é o

80. MILL, John Stuart. *On Liberty* (1858). *In*: *Collected Papers of John Stuart Mill*. v. 18, p. 224 [Ed. it. GIORELLO, G.; MONDADORI, M. (Orgs.). Milão: Il Saggiatore, 1981. p. 34) [Ed. bras. *Sobre a liberdade*. Tradução e prefácio de Alberto da Rocha Barros. 2. ed. Petrópolis: Vozes, 1991. p. 54].

de evitar dano aos outros".[81] Segue-se daí que "se alguém pratica um ato lesivo a outros, tem-se então motivo evidente para puni-lo com a lei ou, onde penalidades legais não sejam seguramente aplicáveis, com a reprovação geral".[82]

O objetivo a que se propõe Mill ao enunciar esse princípio é o de limitar o direito do Estado de restringir a esfera da liberdade individual – na qual o indivíduo pode escolher entre várias alternativas – e de induzir os cidadãos a fazer ou não fazer algo contra a vontade deles, tão somente à esfera das ações externas (no sentido kantiano da palavra), isto é, às ações com as quais um indivíduo, para satisfazer um interesse próprio, pode interferir no interesse de um outro; e, correspondentemente, de salvaguardar o singular da ingerência do poder público em todas as ações que dizem respeito somente a ele, como a esfera da consciência interior e da liberdade de pensamento e de opinião, da liberdade de agir segundo os próprios gostos e os próprios projetos, da liberdade de se associar com outros indivíduos. Se concordarmos em chamar de paternalismo toda doutrina política que atribui ao Estado o direito de interferir na esfera interior do indivíduo com base na consideração de que todo indivíduo, inclusive o adulto, precisa ser protegido das próprias inclinações e dos próprios impulsos, então o liberalismo se revela ainda uma vez em Mill, como em Locke e em Kant, a doutrina antipaternalista por excelência, na medida em que parte do pressuposto ético segundo o qual, para lembrar uma forte expressão milliana, "cada qual é o único guardião seguro da própria saúde, tanto física quanto mental e espiritual".[83] Não estou afirmando que não existam elementos paternalistas também em Mill (como em Locke e em Kant). Tenha-se em mente o fato de que, na definição acima referida, Mill limita o próprio assunto aos membros "de uma comunidade civilizada": o princípio da liberdade vale, portanto, somente para indivíduos na plenitude de suas faculdades. Não vale para os menores de idade, ainda sujeitos à proteção paterna,

81. MILL, John Stuart. *On Liberty* (1858). *In*: *Collected Papers of John Stuart Mill*. v. 18, p. 32 [Ed. bras., p. 53].

82. *Ibid.*, p. 34 [Ed. bras., p. 54].

83. *Ibid.*, p. 36 [Ed. bras., p. 56].

e não vale para as sociedades atrasadas, que podem ser em bloco consideradas como formadas por menores de idade. Sobre esse último ponto, a opinião de Mill é muito clara: "O despotismo é um modo legítimo de governo quando se lida com bárbaros, desde que se vise o aperfeiçoamento deles e os meios se mostrem adequados à obtenção desse resultado".[84] À parte a subordinada concessiva (mas quem julga o fim e quem julga a adequação dos meios ao fim?), tal opinião de Mill em nada difere da tradicional justificação dos regimes despóticos, que já haviam sido vistos por Aristóteles como adequados aos povos naturalmente servis.

13. A DEMOCRACIA REPRESENTATIVA

Assim como Tocqueville, Mill também teme a tirania da maioria e a considera um dos males dos quais a sociedade deve se proteger. Isso, porém, não o leva a renunciar ao governo democrático. No livro sobre a democracia representativa, publicado poucos anos após o ensaio sobre a liberdade, Mill põe-se o clássico problema da melhor forma de governo e responde que ela é, precisamente, a democracia representativa, que constitui, ao menos nos países com certo grau de civilização, o prosseguimento natural de um Estado que deseja a assegurar aos seus cidadãos o máximo de liberdade: "A participação de todos nos benefícios da liberdade é o conceito idealmente perfeito do governo livre". Tal máxima é confortada pelo seguinte comentário:

> Na medida em que alguns, não importa quem, forem excluídos dessa participação, seus interesses estarão sem as garantias concedidas aos demais e eles mesmos estarão em condições menos favoráveis do que os outros para aplicar suas faculdades no aprimoramento de sua própria situação e da situação da comunidade.[85]

---

84. MILL, John Stuart. *On Liberty* (1858). *In*: *Collected Papers of John Stuart Mill*. v. 18, p. 33 [Ed. bras., p. 56].

85. *Id. Considerations on Representative Government*. *In*: *Colected Papers*. v. 49, p. 406 [Ed. bras., p. 33].

Trata-se de um comentário que mostra com grande clareza o nexo entre liberalismo e democracia ou, mais precisamente, entre uma determinada concepção de Estado e os modos e as formas de exercício do poder que possam melhor assegurar a sua atuação.

A afirmação segundo a qual o perfeito governo livre é aquele em que todos participam dos benefícios da liberdade leva Mill a se fazer promotor da extensão do sufrágio, sobre a trilha do radicalismo de origem benthamiana de que nascera a reforma eleitoral inglesa de 1832. Um dos remédios contra a tirania da maioria está exatamente no fato de que, para a formação da maioria, participem das eleições tanto as classes abastadas (que sempre constituem uma minoria da população que tende naturalmente a defender os próprios interesses exclusivos) quanto as classes populares, desde que paguem um imposto, por menor que seja. A participação no voto tem grande valor educativo: é por meio da discussão política que o operário (*the manual labourer*), cujo trabalho é repetitivo e cujo ambiente de fábrica é limitado, consegue compreender a relação entre eventos distantes e seu interesse pessoal e entrar em contato com cidadãos diferentes daqueles com quem mantém relações cotidianas de trabalho, tornando-se, assim, membro consciente de uma grande comunidade: "Não devem existir párias em uma sociedade adulta e civilizada; as pessoas não podem ser impedidas de exercer seus direitos, a menos que seja por sua própria culpa".[86]

O sufrágio universal, porém, é um ideal limite, do qual as propostas millianas ainda estão muito distantes: além dos falidos e dos devedores fraudulentos, Mill exclui do direito de voto os analfabetos (pregando o ensino estendido a todos: "a educação universal deve preceder o sufrágio universal") e os que vivem de esmolas das paróquias, com base na consideração de que quem não paga um pequeno imposto não tem o direito de decidir o modo pelo qual cada um deve contribuir para as despesas públicas. Por outro lado, Mill é favorável ao voto feminino (contrariamente à tendência prevalecente nos Estados europeus, que em geral chegaram à extensão do voto aos analfabetos antes que às mulheres), com base

86. MILL, John Stuart. *Considerations on Representative Government. In*: *Colected Papers.* v. 49, p. 470 [Ed. bras., p. 88-9].

no argumento de que todos os seres humanos têm interesse em ser bem governados e, portanto, todos têm igual necessidade de voto para assegurar a parte dos benefícios que cabe a cada membro da comunidade. Invertendo o argumento habitual dos antifeministas, Mill sustenta que "se existir alguma grande diferença entre os sexos, as mulheres têm maior necessidade do voto do que os homens, já que, sendo fisicamente mais frágeis, dependem mais das leis e da sociedade para sua proteção".[87]

O segundo remédio contra a tirania da maioria consiste, para Mill, numa mudança do sistema eleitoral, isto é, na passagem do sistema majoritário – pelo qual cada colégio tem o direito de designar somente um candidato e, dos candidatos em disputa, aquele que recebe a maioria dos votos (não importa se em um ou dois turnos) vence e os demais perdem – para o sistema proporcional (que Mill aceita seguindo a formulação de Thomas Hare, 1806-1891[88]), que asseguraria uma adequada representação também às minorias, em proporção aos votos recebidos ou num único colégio nacional ou num colégio amplo o suficiente para permitir a eleição de vários representantes. Ao apresentar as vantagens e as qualidades do novo sistema, Mill sublinha a contenção que a maioria receberia da presença de uma minoria aguerrida capaz de impedir a maioria de abusar do próprio poder e, portanto, de impedir que a democracia degenere. Mill encontra, assim, ocasião para fazer um dos mais altos elogios ao antagonismo que o pensamento liberal jamais registrou, numa passagem em que se pode condensar a essência da ética liberal:

> Nenhuma comunidade jamais conseguiu progredir de fato sem que nela se tenha desenvolvido um conflito entre o poder mais forte e alguns poderes rivais; entre as autoridades espirituais e as temporais; entre as classes militares ou territoriais e as classes trabalhadoras; entre o rei e o povo; entre os ortodoxos e os reformadores religiosos.[89]

Onde a luta foi sufocada ou aplacada, sempre teve início a estagnação da qual derivou a decadência de um Estado ou de uma civilização inteira.

---

87. MILL, John Stuart. *Considerations on Representative Government. In*: *Colected Papers.* v. 49, p. 479 [Ed. bras., p. 97].

88. Estudioso inglês dos sistemas eleitorais, membro do Partido Conservador. (N.O.)

89. MILL, *op. cit.*, p. 459 [Ed. bras., p. 60].

Não obstante a plena aceitação do princípio democrático e o elogio da democracia representativa como a melhor forma de governo, o ideal da democracia perfeita ainda está bem longe de ser alcançado. Quase para atenuar o efeito inovador do sufrágio ampliado, Mill propõe o instituto – que acabou por não ter sucesso – do voto plural, segundo o qual, se é justo que todos votem, não está afirmado que todos devam ter direito a um único voto: segundo Mill, o voto plural caberia não aos mais ricos, mas aos mais instruídos, com a reserva de também poder ser atribuído aos que o solicitem e passem por um exame. Não por acaso, nas constituições modernas se afirma que o direito de voto deve ser "igual" (como no artigo 48 da Constituição italiana vigente).

14. Liberalismo e democracia na Itália

Com todos os limites inerentes a um liberalismo ainda fortemente impregnado de paternalismo e de uma democracia incompleta e não igualitária, a obra de Mill representou um fecundo encontro entre pensamento liberal e pensamento democrático. Não obstante isso, liberais e democratas continuaram, como continuam até hoje, a dar vida a movimentos e alinhamentos políticos diferenciados, contrapostos conforme o alvo principal, seja a crescente invasão do Estado, interpretada pelos liberais – não sem razão – como uma consequência do processo de democratização, seja a persistência de oligarquias políticas e de fortes desigualdades econômicas, interpretadas pelos democratas – não sem razão – como uma consequência da lentidão com que aquele processo de democratização ocorreu e dos obstáculos que a ele foram interpostos pelos *beati possidentes*[90]. Nesse sentido, a contraposição entre liberalismo e democracia também pode ser considerada de outro ponto de vista: o desenvolvimento da doutrina

---

90. Em latim no original: "felizes e ricos proprietários". Literalmente, "abençoados possuidores". (N.O.)

liberal está estreitamente ligado à crítica econômica das sociedades autocráticas; o desenvolvimento da doutrina democrática está mais estreitamente ligado a uma crítica de caráter político ou institucional. O certo é que, por todo o século XIX, liberalismo e democratismo designaram doutrinas e movimentos antagônicos entre si: os liberais, que defendem a conquista ou a exigência dos direitos de liberdade, de que foi portadora a era da restauração, desconfiam das nostalgias revolucionárias dos democratas; os democratas, que entendem não ter se completado o processo de emancipação popular iniciado com a Revolução Francesa e interrompido com a restauração, rejeitam os liberais como partido dos moderados. Antes da formação dos partidos socialistas, os parlamentares se dividiam em dois alinhamentos contrapostos, o partido da conservação e o partido do progresso, correspondentes, *grosso modo*, à contraposição entre liberais e democratas, sendo considerada a dialética política mais correta aquela que se desenrolava alternadamente entre esses dois alinhamentos, ainda que na pátria do parlamento e do bipartidarismo, a Inglaterra, os dois partidos contrapostos fossem chamados respectivamente de conservador e liberal (mas o conteúdo dos programas dos partidos muda com o passar do tempo, mesmo que não mude o nome deles). Para uma gradual convergência entre a tradição liberal e a democrática contribuem precisamente, primeiro, a formação dos partidos socialistas e, ainda mais, o aparecimento, no século XX, de regimes nem liberais nem democráticos, como os regimes fascistas, e do regime instaurado pela revolução de outubro na Rússia; diante da novidade representada pelos Estados totalitários do século XX, as diferenças originárias entre liberalismo e democracia tornar-se-ão histórica e politicamente irrelevantes.

No pensamento político italiano da segunda metade do século passado, que reflete as linhas gerais do pensamento político europeu, especialmente o francês, a contraposição entre escola liberal e escola democrática é bastante clara, especialmente em decorrência da presença ativa de um escritor e agitador político como Mazzini (1805-1872); sempre incluído, mesmo fora de nosso país, entre os expoentes mais representativos das correntes democráticas que agitam as nações europeias em luta contra as velhas autocracias.

Precisamente ao expor sua interpretação da obra literária de Mazzini, Francesco De Sanctis (1817-1883)[91] traçou as linhas mestras da distinção entre a escola liberal e a escola democrática, consideradas como as duas correntes vivas do espírito italiano no século XIX. Embora destacando sobretudo o aspecto literário, De Sanctis observou que a semelhança entre ambas estava no fato de que nelas se tinham misturado fins políticos, morais, religiosos, donde, ao contrário das escolas meramente literárias, elas teriam agido sobre toda a sociedade italiana e não só sobre o restrito círculo dos literatos. Aliás, o próprio De Sanctis, dedicando uma parte de seu curso a Mazzini, julgava estar fazendo obra útil ao dever de educação nacional, na qual incluía a formação de uma jovem esquerda capaz de assegurar uma nova direção ao país, "uma nova postura diante das classes populares, um novo conceito do que é nacional, diverso do da direita histórica, mais amplo, menos exclusivista, menos policialesco"[92]. Interpretava a escola liberal como aquela que havia rejeitado a liberdade como fim último, da qual se tinham feito divulgadores os filósofos do século XVIII, mestres da revolução, e que se contentara com a liberdade como meio ou como método ou "procedimento", com a liberdade somente formal, da qual cada um podia servir-se para os próprios fins. Comentava:

> Nessa escola liberal entram homens com finalidades das mais diversas, como se estivessem sobre terreno comum: os clericais que querem livre a Igreja, os conservadores que desejam a liberdade das classes superiores, os democratas que querem a liberdade das classes inferiores, os progressistas que buscam seguir em frente sem forçar a natureza.[93]

Ao contrário, compreendia a escola democrática como a que era inspirada pelo ideal de uma nova sociedade "fundada na justiça distributiva e na igualdade de direito, que, nos países mais avançados, também é igualdade de fato", e para a qual a liberdade não era somente procedimento ou método, mas "substância".[94] E esclarecia:

---

91. Escritor e crítico literário, considerado o mais importante estudioso de literatura italiana no século XIX. Militante no movimento do Risorgimento, depois da Unificação foi também ministro da Educação Pública. (N.O.)

92. DE SANCTIS, Francesco. *Letteratura e vita nazionale.* Turim: Einaudi, 1950. p. 7.

93. *Id. Mazzini e la scuola democrática*. Turim: Einaudi, 1951. p. 6.

94. *Ibid.*, p. 13.

> Onde há desigualdade, a liberdade pode estar escrita nas leis, no estatuto, mas não é coisa real: não é livre o camponês que depende do proprietário, não é livre o empregado que permanece submetido ao patrão, não é livre o homem da gleba obrigado a se submeter ao trabalho incessante dos campos.[95]

Concluía afirmando que essas ideias conduzem à *res publica*[96], que "não é o governo deste ou daquele, não é poder arbitrário ou domínio de classes: é o governo de todos".[97] Um Estado que considera a liberdade como meio pode ser neutro, indiferente ou ateu. Não pode ser o Estado de todos, a *res publica* precisamente, que deve se propor o objetivo da educação nacional, e isso especialmente após uma unificação rápida e forçada.

Esse persistente contraste pode ser eficazmente representado pela contraposição entre os dois maiores protagonistas do *Risorgimento* italiano, Cavour (1810-1868) e Mazzini. Um dos primeiros autores de que o jovem Cavour absorve certos princípios, que desde então jamais serão abandonados, foi, além de Constant, Bentham. Dele Cavour extraiu a ideia da insustentabilidade das teorias jusnaturalistas e uma forte convicção acerca da justeza e da qualidade do utilitarismo, a ponto mesmo de se considerar com visível prazer um "benthamiano *endurci*"[98]. Em um de seus escritos doutrinários mais completos, *Os sistemas e a democracia. Pensamentos* (1850), Mazzini faz de Bentham, com sua doutrina utilitarista, o maior responsável pelo materialismo imperante nas doutrinas democráticas e socialistas, de Saint-Simon[99] (1760-1825) aos comunistas, mas nao cita expressamente nem Marx (1818-1883) nem Engels[100] (1820-1895);

95. DE SANCTIS, Francesco. *Mazzini e la scuola democrática*. Turim: Einaudi, 1951. p. 14.

96. Em latim no original: literalmente, "coisa pública", expressão usada historicamente para polemizar contra a interpretação patrimonialista e privatista das dinastias monárquicas europeias. (N.O.)

97. DE SANCTIS, *op. cit.*, p. 13-4.

98. Extraio essa citação de ROMEO, Rosario. *Cavour e il suo tempo. I, 1810-1842*. Bari: Laterza, 1969. p. 288. [Em francês no original: benthamiano endurecido, rígido, enrijecido. (N.T.)]

99. Claude-Henri de Rouvroy, conde de Saint-Simon, pensador político francês e um dos fundadores do socialismo cristão, de base utopista. (N.O.)

100. Filósofo comunista alemão, principal colaborador teórico e prático de Karl Marx. (N.O.)

além do mais, chama Bentham de "chefe e legislador da escola" que compreende todos os "adoradores do útil".[101] À doutrina do útil, Mazzini contrapõe a ideia do dever e do sacrifício pela santa causa da humanidade:

> Não – exclama –, o interesse e o prazer não são os meios com que a democracia poderá transformar o elemento social; uma teórica do útil não fará com que os confortos da riqueza sintam os sofrimentos das classes pobres e a urgente necessidade de um remédio.[102]

Cavour é um admirador de Tocqueville, com quem compartilha a apreensão pela marcha inexorável da humanidade para a democracia. Tocqueville, ministro das Relações Exteriores após a proclamação da Segunda República Francesa (1849-1852), dá a palavra definitiva sobre a queda da República Romana, e Mazzini endereça a ele e ao ministro Falloux (1811-1886) uma veemente carta na qual os repreendia como "últimos alunos de uma escola que, começando por predizer a doutrina ateia da arte, terminou na fórmula do poder pelo poder".[103] Cavour defendia o *juste milieu*, ou seja, uma solução intermediária, a única que corresponderia à razão, entre reação e revolução. Mazzini era um intransigente propagador da revolução nacional, que se colocava claramente num dos dois extremos rejeitados pela flexível solução dos doutrinadores liberais. Cultor da ciência econômica, admirador dos grandes economistas, de Smith a Ricardo[104] (1772-1823), Cavour, liberista convicto e irredutível, foi seguidor das teorias do livre-cambismo, que Mazzini sempre combateu com força propugnando um Estado investido de função educativa e oposto à concepção liberal do Estado como mal inevitável e, portanto, a se limitar tão somente ao ofício de agente de polícia. Nada de mais distante do pensamento de um liberal absoluto como Cavour do que a crítica mazziniana

---

101. MAZZINI, Giuseppe. *I sistemi e la democrazia. Pensieri, in Mazzini.* GALASSO, G. (Org.). Bolonha: Il Mulino, 1961. p. 101-2.

102. *Ibid.*, p. 110.

103. MAZZINI, Giuseppe. *Lettera ai Signori Tocqueville e Falloux, Ministri di Francia. In*: MAZZINI, G. *Scritti Politici.* GRANDI, T.; COMBA, A. (Orgs.). Turim: Utet, 1972. p. 647.

104. David Ricardo, economista inglês defensor do liberismo, ou seja, da não intervenção do Estado no mundo da economia. (N.O.)

do Estado "despido de toda virtude iniciadora e sem outra missão senão a de vetar e impedir", tanto que

> substitui a sociedade por um agregado de indivíduos, obrigados a se manter pacíficos, mas dedicados a fins particulares, e livres para escolher cada um o próprio caminho, ajude ou não ajude ao cumprimento da missão comum. Em política como em economia, o *laissez faire, laissez passer* é a suprema fórmula da escola.[105]

Nada mais hostil à mentalidade cavouriana favorável ao progresso mediante a gradual adaptação das instituições à evolução da sociedade do que o abstrato revolucionarismo mazziniano, que contrapõe ao simples e saudável critério do útil o imperativo do sacrifício, transformando a iluminista exaltação dos direitos individuais numa severa prédica dos deveres. "Fiel ao seu benthamianismo originário – escreve o historiador Rosario Romeo –, Cavour está convencido de que o progresso econômico realmente não contrasta, ao contrário coincide, com o progresso espiritual e moral".[106] Por antítese, fiel ao seu originário antibenthamianismo, Mazzini afirma que o progresso espiritual é condição do progresso material: com a doutrina da felicidade e do bem-estar inspirada no utilitarismo formam-se homens egoístas, adoradores da matéria. "Trata-se, pois, de encontrar um princípio educativo superior. [...] E esse princípio é o dever".[107]

15. A democracia diante do socialismo

Não obstante a aliança histórica, lenta e arduamente alcançada, entre ideais liberais e ideais democráticos, o contraste entre liberalismo e democracia jamais chegou a diminuir. Ao contrário, sob certos aspectos veio se acentuando nos últimos anos.

---

105. MAZZINI, Giuseppe. *I sistemi e la democrazia*. p. 96.

106. ROMEO, Rosario. *Cavour e il suo tempo*. p. 288.

107. MAZZINI, Giuseppe. *Dei doveri dell'uomo*. *In*: *Scritti Politici*. p. 847.

A manter vivo o contraste e a acentuá-lo, sobreveio, a partir da segunda metade do século XIX, a entrada na cena política do movimento operário, que se vai inspirando cada vez mais nas doutrinas socialistas, antitéticas às liberais, ainda que sem repudiar o método democrático, que sobrevive numa expressiva parte do movimento, regra geral em sua ala reformista, como, por exemplo, no partido trabalhista inglês ou no partido social-democrático alemão. A relação entre liberalismo e democracia, como vimos, nunca foi de antítese radical, apesar de ter sido difícil e frequentemente contestado o enxerto dos ideais democráticos no tronco originário dos ideais liberais e apesar de a integração entre liberalismo e democracia, onde ocorreu, ter se dado lentamente, e não sem contrastes e rupturas. A relação entre liberalismo e socialismo, ao contrário, foi desde o início uma relação de antítese clara, e isso não só, como seria possível acreditar, na doutrina marxiana e marxista[108]. O pomo da discórdia foi a liberdade econômica, que pressupõe a defesa extremada da propriedade privada. Por mais definições que se possam dar do socialismo do século XIX (e foram dadas centenas), há ao menos um critério distintivo constante e determinante para diferenciar uma doutrina socialista de todas as outras: a crítica da propriedade privada como fonte principal da "desigualdade entre os homens" (para retomar o conhecido discurso de Rousseau) e a sua eliminação total ou parcial como projeto da sociedade futura. A maior parte dos escritores socialistas e dos movimentos neles inspirados identificaram o liberalismo – com ou sem razão, mas no plano histórico certamente com razão – com a defesa da liberdade econômica e, portanto, com a defesa da propriedade individual como única garantia da liberdade econômica, entendida esta, por sua vez, como pressuposto necessário da real explicitação de todas as outras liberdades. Numa concepção classista da história, que o movimento socialista herdou da historiografia burguesa, segundo a qual o principal sujeito histórico são as classes e o desenvolvimento histórico se faz com a passagem do domínio de uma classe ao domínio de outra classe, o liberalismo, interpretado como a concepção segundo a qual a liberdade econômica é o fundamento de

108. Isto é, doutrina do próprio Marx (marxiana) e de seus seguidores (marxista). (N.O.)

todas as demais liberdades e sem ela nenhum homem pode ser verdadeiramente livre, terminava por ser degradado, pelos escritores socialistas e não só por Marx (que, apesar disso, exerceu uma prevalente influência na formação dos partidos socialistas continentais, especialmente na Alemanha e na Itália), a pura e simples ideologia da classe burguesa, isto é, a ideologia da parte contrária que os socialistas deveriam combater até a completa extinção.

Enquanto a relação entre liberalismo e socialismo foi de clara antítese, tanto se o socialismo fosse julgado com base em seu projeto de sociedade futura quanto se fosse considerado a ideologia de uma classe destinada a suceder a classe burguesa no desenvolvimento progressivo da história, a relação entre socialismo e democracia foi bem mais, desde a origem, uma relação de complementaridade, assim como houvera sido até então a relação entre democracia e liberalismo. Tornou-se opinião corrente que o socialismo, julgado até então incompatível com o liberalismo, não era de modo algum incompatível com a democracia. Para reforçar o nexo de compatibilidade (melhor: de complementaridade) entre socialismo e democracia, foram sustentadas duas teses: antes de tudo, o processo de democratização produziria inevitavelmente, ou ao menos favoreceria, o advento de uma sociedade socialista, fundada na transformação do instituto da propriedade e na coletivização ao menos dos principais meios de produção; em segundo lugar, somente o advento da sociedade socialista poderia reforçar e alargar a participação política e, portanto, tornar possível a plena realização da democracia, entre cujas promessas – que a democracia liberal jamais seria capaz de cumprir – estava também a de uma distribuição igualitária (ou ao menos mais igualitária) do poder econômico e do poder político. Com base nessas duas teses, a indissolubilidade de democracia e socialismo passou a ser apresentada, pelas principais correntes do socialismo, como uma condição necessária do advento da sociedade socialista, e, pelas correntes democráticas, como uma condição do desenvolvimento da própria democracia.

Com isso, não se quer dizer que a relação entre democracia e socialismo tenha sido sempre pacífica. Sob certos aspectos, aliás, foi com frequência uma relação polêmica, não diversamente da relação entre liberalismo e democracia. Era evidente que o recíproco reforço da democracia pelo socialismo e do socialismo pela democracia era uma relação circular. De que ponto do círculo dever-se-ia começar? Começar pelo alargamento da democracia significava contentar-se com um desenvolvimento gradual e incerto. Mas seria, ao contrário, possível, desejável e lícito começar de imediato a transformação socialista da sociedade com um salto qualitativo revolucionário, renunciando, portanto, ao menos provisoriamente, ao método democrático? Foi assim que, a partir da segunda metade do século XIX, ao contraste entre liberalismo e democracia foi-se sobrepondo o contraste entre os defensores da liberal-democracia, de um lado, frequentemente aliados entre si contra o socialismo considerado negador tanto do liberalismo quanto da democracia, e os socialistas democráticos e não democráticos, de outro, divididos não tanto pela oposição ao liberalismo (comum a ambos), quanto pelo diverso juízo dado sobre a validade e a eficácia da democracia, ao menos no primeiro momento da conquista do poder. De todo modo, a dúvida sobre a validade do método democrático para a assim chamada fase de transição jamais anulou por completo a inspiração democrática de fundo dos partidos socialistas, no que se refere ao avanço da democracia numa sociedade socialista, e a convicção de que uma sociedade socialista seria de longe mais democrática que a liberal, nascida e crescida com o nascimento e o crescimento do capitalismo.

Em favor desse avanço da democracia socialista com respeito à democracia liberal, pode-se encontrar na imensa literatura do último século ao menos três argumentos: a) ao passo que a democracia liberal – ou, polemicamente, capitalista e, do ponto de vista do sujeito histórico que a promoveu, burguesa – nasceu como democracia representativa na qual os representantes eleitos tomam suas decisões sem vínculo de mandato, a democracia socialista – ou, do ponto de vista classista, proletária – será uma democracia direta, no duplo sentido de democracia de todo o povo sem representantes ou de democracia, não de representantes, mas de delegados cujos mandatos vinculados estão sujeitos a revogação; b) ao passo que a democracia burguesa permitiu, até o extremo limite do sufrágio universal masculino e feminino, a participação no poder político, central e local, somente a democracia socialista permitirá a participação popular também na tomada de decisões econômicas que, numa sociedade capitalista, são tomadas autocraticamente, representando, nesse sentido, não só um reforço da participação em intensidade, mas também uma sua extensão quantitativa, como efeito da abertura de novos espaços para o exercício da soberania popular em que consiste a essência da democracia; c) enfim, aquilo que mais importa: ao passo que na democracia liberal a atribuição ao povo do direito de participar direta ou indiretamente das decisões políticas não procede no mesmo passo de uma mais equânime distribuição do poder econômico e, portanto, faz do direito de voto uma mera aparência, na democracia socialista essa mais equânime distribuição, ao se tornar um dos objetivos primários da mudança do regime econômico, transforma o poder formal de participação em poder substancial e, ao mesmo tempo, realiza a democracia inclusive no seu ideal último, que é o da maior igualdade entre os homens.

O fato de que movimentos antitéticos como o movimento liberal e o movimento socialista tenham ambos abraçado o ideal democrático ao ponto de darem origem a regimes de democracia liberal e a regimes de democracia social, embora não socialista (um regime que seja ao mesmo tempo democrático e socialista até agora não existiu), pode fazer pensar que desde há dois séculos a democracia é uma espécie de denominador comum de todos os regimes que se desenvolveram nos países econômica e politicamente mais avançados. Mas não se deve acreditar que o conceito de democracia permaneceu o mesmo quando da passagem da democracia liberal à democracia social. No binômio liberalismo mais democracia, democracia significa principalmente sufrágio universal e, portanto, um meio de expressão da livre vontade dos indivíduos singulares; no binômio democracia mais socialismo, democracia significa ideal igualitário que só a reforma da propriedade proposta pelo socialismo terá condições de realizar. No primeiro binômio é uma consequência; no segundo, um pressuposto. Como consequência, no primeiro, completa a série das liberdades particulares com a liberdade política; como pressuposto, no segundo, será completada somente pela futura e até agora só esperada transformação socialista da sociedade capitalista.

A ambiguidade do conceito de democracia surge, em toda a sua evidência, na assim chamada "democracia social", que deu origem ao Estado de serviços (expressão mais apropriada do que aquelas, respectivamente falsas por excesso e por insuficiência, de "Estado de bem-estar" e "Estado assistencial"). A democracia social pretende ser, com respeito à democracia liberal, uma fase ulterior, na medida em que inscreveu na própria declaração de direitos os direitos sociais, além dos direitos de liberdade; pretende ser, ao contrário, com respeito à democracia socialista, somente uma primeira fase. Tal ambiguidade se revela na dupla crítica que a democracia social recebe, ora da direita, por parte do liberalismo intransigente, que nela entrevê uma diminuição das liberdades individuais; ora da esquerda, por parte dos socialistas impacientes, que a condenam como solução de compromisso entre o velho e o novo que, mais que favorecer a realização do socialismo, a obstaculiza e a torna até mesmo impossível.

16. O NOVO LIBERALISMO

Voltando ao tema da relação entre liberalismo e democracia, não há dúvida de que a emergência e a difusão das doutrinas e dos movimentos socialistas, bem como a correspondente e explicitamente declarada aliança desses movimentos com os partidos democráticos, reabriram o contraste histórico entre liberalismo e democracia, precisamente no momento em que, com os países mais avançados encaminhando-se rumo ao sufrágio universal, parecia que entre liberalismo e democracia teria havido uma conciliação histórica definitiva. Se, efetivamente, como estava inscrito no programa dos partidos social-democráticos da Segunda Internacional, o processo de progressiva democratização levaria inevitavelmente ao socialismo, deveriam os liberais favorecer esse processo? Precisamente na reação contra o presumido avanço do socialismo, com seu programa geral de economia planificada e de coletivização dos meios de produção, a doutrina liberal foi cada vez mais se concentrando na defesa da economia de mercado e da liberdade de iniciativa econômica (bem como da correspondente tutela da propriedade privada), identificando-se com a doutrina econômica que na linguagem política italiana recebeu o nome de liberismo.[109] Como sempre acontece, mesmo diante do contraste entre duas ideologias nascidas em contraposição uma à outra e antitéticas em suas linhas programáticas, como liberalismo e socialismo, existiram tentativas de mediação ou de síntese, que vão do conhecido livro de Hobhouse (1864-1929)[110] de 1911, *Liberalismo*, ao *Socialismo Liberal*, de Carlo Rosselli (1899-1937)[111], de 1930, e, para ficar na Itália, ao liberal-socialismo, fórmula desconhecida em outros lugares mas que, apesar disso, foi a ideia inspiradora de um pequeno partido antifascista, o Partido de Ação, que durou poucos anos (1942-1947)[112]. A antítese, porém, permaneceu e se foi reforçando e enrijecendo nos dois últimos decênios, em seguida a dois fenômenos historicamente muito relevantes: num primeiro tempo, o flagrante iliberalismo dos regimes em que foi tentada pela primeira vez uma transformação socialista da sociedade; num segundo tempo, a emergência de aspectos iliberais nos regimes em que mais avançou a realização do Estado-providência. O socialismo liberal (ou liberal-socialismo) permaneceu até agora como um ideal doutrinário abstrato – tão sedutor em teoria quanto dificilmente traduzível em instituições – ou como uma das

109. Somente na língua italiana há essa distinção entre "liberismo" e "liberalismo". A esse propósito, o texto clássico é o de Benedetto Croce e Luigi Einaudi, Liberismo e liberalismo, Nápoles, Ricciardi, 1952. (N.O.)

110. Leonard Trelawny Hobhouse, sociólogo e filósofo político inglês. (N.O.)

111. Pensador político e militante antifascista italiano assassinado por agentes fascistas em França, onde estava exilado. (N.O.). [O livro de Rosselli foi traduzido no Brasil: *Socialismo liberal*. Trad. Sérgio Bath, introdução de Norberto Bobbio. São Paulo: C. H. Cardim Editora, 1988. (N.T.)]

112. O *Partito d'Azione* (Partido de Ação) (PdA) foi fundado em julho de 1942 por ex-militantes socialistas liberais do movimento Giustizia e Libertà. Em termos ideológicos, vinculava-se ao socialismo liberal de Carlo Rosselli e da "Revolução Liberal" de Piero Gobetti, intelectuais que rejeitavam o determinismo econômico marxista e a luta de classes, propondo uma forma de socialismo que respeitasse a liberdade civil e promovesse mudanças radicais. O partido participou ativamente da resistência antifascista e de junho a novembro de 1945 ocupou o cargo de primeiro-ministro com Ferruccio Parri. Conflitos internos e derrotas eleitorais levaram o partido a se dissolver em 1946-1947. (N.T.)

fórmulas que servem para definir aquele regime no qual a tutela do aparato estatal se estendeu dos direitos de liberdade aos direitos sociais.

Ao passo que a conjugação de liberalismo e socialismo foi, até agora, tão nobre quanto ilusória, a progressiva identificação do liberalismo com o liberismo é um dado de fato indiscutível, cuja constatação serve para que se compreenda um aspecto (e não dos mais irrelevantes) do atual litígio político que se estende dos Estados Unidos à Europa ocidental. Na Itália, um episódio extremamente significativo desse clareamento foi a disputa entre Croce e Einaudi (1874-1961)[113], travada nos últimos anos do regime fascista, sobre a relação entre o liberalismo ético-político e o liberalismo econômico. Nessa disputa, Einaudi, como economista liberal que era, sustenta contra Croce a tese segundo a qual liberalismo ético-político e liberalismo econômico (ou liberismo) são indissolúveis, e onde não há o segundo não pode haver o primeiro. Por sua vez, Croce, que sob certos aspectos era mais conservador do que Einaudi, sustenta a tese oposta, segundo a qual a liberdade, sendo um ideal moral, pode se realizar por meio das mais diversas providências econômicas, desde que se voltem à elevação moral do indivíduo, citando com aprovação a "bela eulogia e apologia" do socialismo liberal feita por Hobhouse.[114]

Se se observa o significado prevalente de liberalismo, com referência particular às diversas correntes assim chamadas neoliberais, deve-se admitir que entre o filósofo e o economista teve razão o segundo. Por neoliberalismo se entende hoje, principalmente, uma doutrina econômica consequente, da qual o liberalismo político é somente um modo de realização, nem sempre necessário; ou, em outros termos, uma defesa extremada da liberdade econômica, da qual a liberdade política é apenas um corolário.

---

113. Luigi Einaudi, economista e ensaísta político, adversário do fascismo, foi presidente da República Italiana (1948-1955). (N.O.)

114. Os mencionados escritos de Croce e de Einaudi foram reunidos no volume *Liberismo e liberalismo.* (SOLARI, P. (Org.). Nápoles: Ricciardi, 1957.) O elogio a Hobhouse se encontra no primeiro desses escritos, *La concezione liberale come concezione della vita* [1927], p. 14.

Ninguém melhor do que um dos respeitáveis inspiradores do atual movimento em favor do desmantelamento do Estado de serviços, o economista austríaco Friedrich von Hayek[115], insistiu tanto na indissolubilidade de liberdade econômica e de liberdade sem outros adjetivos, reiterando, assim, a necessidade de distinguir claramente o liberalismo, que tem seu ponto de partida numa teoria econômica, da democracia, que é uma teoria política, e atribuindo à liberdade individual (da qual a liberdade econômica seria a primeira condição) um valor intrínseco e à democracia, unicamente um valor instrumental. Hayek admite que, nas lutas passadas contra o poder absoluto, liberalismo e democracia puderam proceder no mesmo passo e confundir-se um na outra. Mas agora tal confusão não deveria mais ser possível, pois acabamos por nos dar conta – sobretudo observando as consequências iliberais a que o processo de democratização pode conduzir, e de fato conduziu – de que liberalismo e democracia respondem a problemas diversos: o liberalismo, ao problema das funções do governo e, em particular, à limitação de seus poderes; a democracia, ao problema de quem deve governar e com quais procedimentos.

> O liberalismo exige que todo poder – e, portanto, também o poder da maioria – seja submetido a limites. A democracia, ao contrário, chega a considerar a opinião da maioria como o único limite aos poderes governativos. A diversidade entre os dois princípios emerge do modo mais claro se se presta atenção nos respectivos opostos: para a democracia, o governo autoritário; para o liberalismo, o totalitarismo.[116]

Naturalmente, também o termo "liberalismo", como todos os termos da linguagem política, conheceu diversos significados, mais ou menos amplos. Porém, o pensamento de von Hayek, exposto em numerosas obras que podem ser consideradas a *summa* da doutrina liberal contemporânea, representa uma respeitável confirmação daquilo que foi o núcleo originário do liberalismo clássico: uma teoria dos limites do poder do Estado, derivados da pressuposição de direitos ou interesses do

---

115. Friedrich von Hayek [1899-1992], economista austro-britânico de tendências conservadoras, Prêmio Nobel de economia em 1974. (N.O.)

116. HAYEK, Friedrich Von. Liberalismo. *In*: *Enciclopedia del Novecento*. v. 3. Roma: Istituto dell'Enciclopedia Italiana, p. 990.

indivíduo, que precedem à formação do poder político, entre os quais não pode faltar o direito de propriedade individual. Tais limites valem para quem quer que detenha o poder político, inclusive para o governo popular, isto é, inclusive para um regime democrático em que todos os cidadãos têm o direito de participar, ainda que indiretamente, da tomada das grandes decisões, e cuja regra é a regra da maioria. Até onde se estendem os poderes do Estado e até onde devem se estender os direitos dos indivíduos, ou a esfera da assim chamada liberdade negativa, é algo que não pode ser estabelecido de uma vez para sempre: porém, é um princípio constante e característico da doutrina liberal em toda a sua tradição, especialmente a anglo-saxã, que o Estado é tão mais liberal quanto mais reduzidos forem esses poderes e, correlativamente, quanto mais ampla for a esfera da liberdade negativa. A diferença entre liberalismo e autoritarismo (melhor que totalitarismo) está na diversa conotação positiva ou negativa dos dois termos opostos, poder e liberdade, e das consequências que disso derivam. O liberalismo é a doutrina na qual a conotação positiva cabe ao termo "liberdade", com a consequência de que uma sociedade é tanto melhor quanto mais extensa é a esfera da liberdade e quanto mais restrita é a do poder.

Na formulação hoje mais corrente, o liberalismo é a doutrina do "Estado mínimo" (o *minimal state* dos anglo-saxões). Ao contrário dos anarquistas, para quem o Estado é um mal absoluto e deve, pois, ser eliminado, para o liberal, o Estado é sempre um mal, mas é necessário, devendo, portanto, ser conservado ainda que dentro de limites os mais restritos possíveis. Precisamente com base na fortuna da fórmula "Estado mínimo" se pode compreender a vastidão do debate travado em torno do livro de Robert Nozick[117], *Anarquia, Estado e Utopia*, surgido em 1974.[118] A obra

117. Robert Nozick [1938-2002], professor de filosofia em Harvard, interessado não só em pensamento político, mas também em metafísica, ética e gnosiologia. (N.O.)

118. Para um resumo do debate, com a correspondente bibliografia, ver COMANDUCCI, F. La meta-utopia di Nozick. *In*: *Materiali per una storia della cultura giuridica*, XII, 1982, p. 507-23. Também há uma tradução italiana do livro de Nozick (Florença: Le Monnier, 1981) [Ed. bras. *Anarquia, Estado e Utopia*. Trad. Ruy Jungmann. Rio de Janeiro: Jorge Zahar, 1991].

de Nozick move-se em duas frentes: contra o Estado máximo dos defensores do "Estado de justiça", ao qual são atribuídas funções de redistribuição da riqueza, mas também contra a total eliminação do Estado proposta pelos anarquistas. Ainda que com argumentos novos, Nozick retoma e defende a tese liberal clássica do Estado como organização monopolista da força cujo único e limitado objetivo é proteger os direitos individuais de todos os membros do grupo. Partindo da teoria lockiana do estado de natureza e dos direitos naturais, mas repudiando o contratualismo como teoria que vê o nascimento do Estado num acordo voluntário e se entrega à feliz (e talvez também falaz) ideia de uma criação da "mão invisível"[119], Nozick constrói o Estado como uma livre associação de proteção entre indivíduos que estão num mesmo território e cujo encargo é defender os direitos de cada indivíduo contra a ingerência por parte de todos os demais e, portanto, impedir qualquer forma de proteção privada, ou, dito de outra forma, impedir que os indivíduos façam justiça por si mesmos. Além do mais, quanto à determinação dos direitos individuais que o Estado deve proteger, a teoria de Nozick está genericamente fundada sobre alguns princípios do direito privado, segundo os quais todo indivíduo tem direito de possuir aquilo que adquiriu de forma justa (ou princípio de justiça na aquisição) e aquilo que adquiriu de forma justa do proprietário precedente (princípio de justiça na transferência). Qualquer outro encargo que o Estado se atribua é injusto, porque interfere indevidamente na vida e na liberdade dos indivíduos. A conclusão é que o Estado mínimo, ainda que seja mínimo, é o Estado mais extenso que se possa conceber: qualquer outro Estado é imoral.

A teoria de Nozick põe mais problemas do que é capaz de resolver: está toda fundada na aceitação da doutrina jurídica dos títulos de aquisi-

119. Com essa expressão, o filósofo e economista iluminista Adam Smith entendia uma força espontânea, não estatal e não institucional, que – para além das intenções ou dos planos da mente humana – harmonizaria de fato entre si as livres iniciativas econômicas dos indivíduos, dando como resultado um ótimo produto econômico e social. Uma poderosa refutaçao dessa teoria foi dada por John Maynard Keynes, governador do Banco da Inglaterra e membro da Câmara dos Lordes (*House of Lords*) do Reino Unido, o mais importante economista do século XX. (N.O.)

ção originária e derivada da propriedade, sobre a qual o autor não dá a mínima explicação. De qualquer modo, representa exemplarmente o ponto extremo a que chegou a reivindicação da tradição autêntica do liberalismo, como teoria do Estado mínimo, contra o Estado de bem-estar que se propõe, entre os seus encargos, também o da justiça social. Como tal, não pode deixar de acertar as contas com a tradição do pensamento democrático, não tanto no que diz respeito à democracia igualitária (que, como se disse desde o início, mal se concilia com o espírito do liberalismo) quanto no que diz respeito à própria democracia formal, cujo exercício levaria por toda parte – inclusive onde não se formaram partidos socialistas, como nos Estados Unidos – a um excesso de intervencionismo estatal incompatível com o ideal do Estado que governe o menos possível.

17. Democracia e ingovernabilidade

A relação entre liberalismo e democracia foi sempre uma relação difícil: *nec cum te nec sine te*[120]. Hoje que o liberalismo parece mais uma vez ancorado, coerentemente com a sua melhor tradição, na teoria do Estado mínimo, a relação tornou-se mais difícil do que nunca. Nesses últimos anos o tema principal da polêmica foi o da ingovernabilidade.[121] Enquanto no início do litígio o alvo principal foi, como se viu, a tirania da maioria, de onde derivou a defesa extremada da liberdade individual contra o caráter invasivo da esfera pública, mesmo quando regulada com base no princípio da maioria, hoje o alvo principal é a incapacidade dos governos democráticos de dominarem convenientemente os conflitos de

120. Em latim no original: "nem com você nem sem você". (N.O.)

121. O debate sobre a ingovernabilidade das democracias nasceu com a obra coletiva de CROZIER, M.; HUNTINGTON, S. P.; WATANUKI, J. *La Crisi della democrazia. Rapporto sulla governabilità della democrazia alla Comissione Trilaterale* (1975) [Ed. it. Milão: Franco Angeli, 1977].

uma sociedade complexa: um alvo de sinal oposto, não o excesso, mas a insuficiência de poder.

O tema da ingovernabilidade a que estariam condenados os regimes democráticos pode ser articulado em três pontos:

a) bem mais do que os regimes autocráticos, os regimes democráticos são caracterizados por uma desproporção crescente entre o número de demandas provenientes da sociedade civil e a capacidade de resposta do sistema político, fenômeno que na terminologia da teoria dos sistemas recebe o nome de sobrecarga. Tal fenômeno seria característico das democracias por duas razões opostas, mas convergentes para o mesmo resultado. De um lado, os institutos herdados pelo regime democrático do Estado liberal, que, como se disse, constituem o pressuposto do bom funcionamento do poder popular – da liberdade de reunião e de associação, da livre organização de grupos de interesse, de sindicatos, de partidos, à máxima extensão dos direitos políticos –, fazem com que se torne mais fácil, por parte dos indivíduos singulares e dos grupos, o encaminhamento de demandas aos poderes públicos que se pretende sejam atendidas no mais breve tempo possível, sob a ameaça de um enfraquecimento do consenso, numa proporção absolutamente desconhecida pelos governos autocráticos, nos quais os jornais são controlados pelo governo, os protestos públicos são interditados, os sindicatos não existem ou são dependentes do poder político, e nos quais não existe outro partido a não ser o que apoia o governo ou é uma emanação direta dele. De outro lado, os procedimentos fornecidos por um sistema democrático para que se tomem as decisões coletivas, e que deveriam dar uma resposta às demandas propostas pela sociedade civil, são de tal ordem que desaceleram e às vezes esvaziam, por meio do jogo de vetos cruzados, o próprio caminho da decisão, diferentemente do que ocorre num regime autocrático, onde a concentração do poder em poucas mãos (senão até mesmo em um chefe carismático cuja vontade é lei) e a supressão das instâncias como o parlamento – no qual as diversas opiniões são confrontadas e as decisões tomadas apenas após longos debates, com as próprias decisões parlamentares podendo ser submetidas ao controle de um órgão jurisprudencial como a Corte Constitucional ou do próprio povo por meio do recurso ao *referendum* – permitem decisões rápidas, peremptórias e definitivas. Com uma expressão sintética, pode-se exprimir esse contraste entre regimes democráticos e autocráticos com respeito à relação entre demandas e respostas dizendo que, enquanto a democracia tem a demanda fácil e a resposta difícil, a autocracia torna a demanda mais difícil e tem mais fácil a resposta;

b) nos regimes democráticos a conflitualidade social é maior do que nos regimes autocráticos. Como uma das obrigações de quem governa é resolver os conflitos sociais de modo a tornar possível uma convivência entre indivíduos e grupos que representam interesses diversos, é evidente que quanto mais aumentam os conflitos mais aumenta a dificuldade de dominá-los. Numa sociedade pluralista, como é a que vive e floresce num sistema político democrático, onde o conflito de classes é multiplicado por uma miríade de conflitos menores de tipo corporativo, os interesses contrapostos são múltiplos, não sendo possível satisfazer um deles sem causar dano a outro, numa cadeia interminável. Que o interesse das partes singulares deva estar subordinado ao interesse coletivo é uma fórmula, com efeito, privada de conteúdo preciso. Geralmente, o único interesse comum a que obedecem os vários componentes de um governo democrático, de um governo em que os partidos singulares devem prestar contas aos próprios eleitores pelas opções feitas, é o de satisfazer os interesses que busquem alcançar maiores consensos e são, a cada vez, interesses parciais;

c) nos regimes democráticos o poder está mais amplamente distribuído do que nos regimes autocráticos; neles se encontra, em contraste com o que ocorre nos regimes opostos, o fenômeno que hoje se denomina de poder "difuso". Uma das características da sociedade democrática é a de ter vários centros de poder (daí tem origem o nome "poliarquia"): o poder é tanto mais difuso quanto mais o governo da sociedade é, em todos os níveis, regulado por procedimentos que admitem a participação, o dissenso e, portanto, a proliferação dos lugares em que se tomam decisões coletivas. Mais que difuso, o poder numa sociedade democrática também é fragmentado e de difícil recomposição. As consequências negativas dessa fragmentação do poder com respeito ao problema da governabilidade são logo reveladas: a fragmentação cria concorrência entre poderes e termina por criar um conflito entre os próprios sujeitos que deveriam resolver os conflitos, uma espécie de conflito elevado à segunda potência. Ao passo que o conflito social é, dentro de certos limites, fisiológico, o conflito entre poderes é patológico e termina por tornar patológica, exasperando-a, também a normal conflitualidade social.

A denúncia da ingovernabilidade dos regimes democráticos tende a sugerir soluções autoritárias, que se movem em duas direções: de um lado, em reforçar o Poder Executivo e, assim, dar preferência a sistemas de tipo presidencial ou semipresidencial em detrimento dos sistemas parlamentares clássicos; de outro lado, em antepor sempre novos limites à esfera das decisões que podem ser tomadas com base na regra típica da democracia, a regra da maioria. Se a dificuldade em que caem as democracias deriva da "sobrecarga", os remédios, de fato, podem ser essencialmente dois: ou um melhor funcionamento dos órgãos decisionais (nessa direção vai o acréscimo do poder do governo com respeito ao do parlamento) ou uma drástica limitação do seu poder (nessa direção vão as propostas de limitar o poder da maioria). Todas as democracias reais, não a ideal de Rousseau, nasceram limitadas, no sentido já esclarecido de que as decisões que cabem à maioria foram esvaziadas desde o início de todas as matérias referentes aos direitos de liberdade, chamados precisamente de "invioláveis". Uma das propostas que têm sido apresentadas por uma corrente de escritores neoliberais consiste em exigir que seja limitado constitucionalmente inclusive o poder econômico e fiscal do parlamento, de modo a impedir que a resposta política à demanda social acabe por produzir um excesso de despesa pública com respeito aos recursos do país. Ainda uma vez o contraste entre liberalismo e democracia se resolve na aceitação, por parte da doutrina liberal, da democracia como método ou como conjunto de regras do jogo, mas também, paralelamente, no estabelecimento permanente dos limites em que podem ser usadas aquelas regras.

Quando, no século XIX, se manifestou o contraste entre liberais e democratas, a corrente democrática levou a melhor, obtendo gradual mas inexoravelmente a eliminação das discriminações políticas, a concessão do sufrágio universal. Hoje, a reação democrática diante dos neoliberais consiste em exigir a extensão do direito de participar na tomada das decisões coletivas para lugares diversos daqueles em que se tomam as decisões políticas, consiste em se dirigir à conquista de novos espaços para a participação popular e, portanto, em prover à passagem – para usar a descrição das várias etapas do processo de democratização feita por Macpherson – da fase da democracia de equilíbrio para a fase da democracia de participação.[122]

Para quem examina essa constante dialética de liberalismo e democracia de um ponto de vista de teoria política geral, fica claro que o contraste contínuo e jamais definitivamente resolvido (ao contrário, sempre destinado a se colocar em níveis mais altos) entre as exigências dos liberais de um Estado que governe o menos possível e as exigências dos democratas de um Estado no qual o governo esteja o mais possível nas mãos dos cidadãos, reflete o contraste entre dois modos de entender a liberdade, costumeiramente chamados de liberdade negativa e de liberdade positiva, entre os quais se dão, conforme as condições históricas, mas sobretudo conforme a posição que cada um ocupa na sociedade, juízos de valor opostos: os que estão no alto preferem habitualmente a primeira, os que estão em baixo preferem habitualmente a segunda. Desde que em toda sociedade

122. MACPHERSON, C. B. *The Life and Time of Liberal Democracy*. Londres: Oxford University Press, 1977 [Ed. it. E. Albertoni (Org.). Milão: Il Saggiatore, 1980] [Ed. bras. *A Democracia Liberal: Origens e Evolução*. Rio de Janeiro: Zahar, 1978]. Segundo o autor, as quatro fases do desenvolvimento da democracia são a democracia protetora, a democracia do desenvolvimento, a democracia de equilíbrio e, por fim (ainda não realizada), a democracia participativa.

sempre existiram até agora uns e outros, o contraste benéfico entre as duas liberdades não é daqueles que podem ser resolvidos de uma vez para sempre, e as soluções por ele recebidas são às vezes soluções de compromisso. Infelizmente, tal contraste não é sempre possível: não é possível nos regimes em que, no lugar da primeira, há um poder sem limites, e, no lugar da segunda, um poder acima de qualquer controle. Mas contra um e contra outro, liberalismo e democracia se transformam por necessidade de irmãos inimigos em aliados.

Bibliografia

Desde 1983 – ano mais recente dos textos citados por Bobbio na bibliografia original da primeira edição de *Liberalismo e democracia* (1984) –, a literatura sobre o tema se ampliou bastante. Na presente edição, a bibliografia original está reproduzida inteiramente, e a ela foi acrescentada uma seleção de livros significativos publicados após 1983, ordenados segundo os dois focos conceituais do texto, liberalismo e democracia. À bibliografia original também se acrescentou um elenco dos textos "clássicos" do pensamento político citados por Bobbio, mencionando as edições mais atualizadas e fazendo alguns acréscimos. E, por fim, adicionou-se – para posteriores aprofundamentos – um elenco de bibliografias mais ou menos extensas sobre liberalismo e sobre democracia.

Bibliografia original de Norberto Bobbio

AGNOLI, Johannes. *Die Transformationen der Demokratie.* Berlim: Voltaire Verlag, 1967 (Tr. it. Milão: Feltrinelli, 1969).

BOBBIO, Norberto. Democrazia. *In*: *Dizionario di politica*. 2. ed. Turim: Utet, 1983. [Ed. bras. *Dicionário de política*. 5. ed. Brasília: UnB, 2000.]

BOBBIO, Norberto; OFFE, C.; LOMBARDINI, S. *Democrazia, maggioranza e minoranze*. Bolonha: II Mulino, 1981.

BOULLOCK, Alan; SHOCK, Maurice. *The Liberal Tradition from Fox to Keynes*. Londres: Clarendon Press, 1967.

BRAMSTED, E. K.; MELHUISH, K. J. (Org.). *Western Liberalism. A History in Documents from Locke to Croce.* Londres-Nova York: Longmans, 1978.

BURDEAU, Georges. *Le libéralisme.* Paris: Éditions du Seuil, 1979. [Ed. port. *O Liberalismo*. Lisboa: Publicações Europa América, 1979.]

CALOGERO, Guido. *Difesa del liberalsocialismo ed altri saggi.* M. Schiavone e D. Cofrancesco (Orgs.). Milão: Marzorati, 1972.

CERRONI, Umberto. *La libertà dei moderni.* Bari: De Donato, 1968.

CUMMING, Richard D. *Human Nature and History. A Study of the Development of Liberal Political Thought*. The University of Chicago Press, 1971. 2 v.

CUOMO, Ettore. *Profilo del liberalismo europeo.* Napoli: Esi, 1981.

DAHL, Robert A. *A Preface to Democratic Theory.* The University of Chicago Press, 1956. [Ed. bras. *Um Prefácio à Teoria Democrática*. Trad. Ruy Jungmann. Rio de Janeiro: Jorge Zahar, 1989.]

DAHL, Robert A. *Poliarchy. Participation and Opposition.* Nova Haven: Yale University Press, 1971 (Tr. it. Franco Angeli, Milão, 1981). [Ed. bras. *Poliarquia: Participação e Oposição*. São Paulo: Edusp, 1997.]

DAHRENDORF, Ralf. *Intervista sul liberalismo e l'Europa.* V. Ferrari (Org.). Bari: Laterza, 1979. [Ed. bras. *O Liberalismo e a Europa*

(Entrevista a Vicenzo Ferrari). Trad. Beatriz Sardenberg. Brasília: Ed. Universidade de Brasília, 1981.]

DE RUGGIERO, Guido. *Storia del liberalismo europeo*. 6. ed. Bari: Laterza, 1959.

DEMOKRATIE. *In*: *Historische Grundbegriffe*. v. I. Stuttgart: Ernst Klett Verlag, 1974.

DI LALLA, Manlio. *Storia del liberalismo italiano*. Firenze: Sansoni, 1976.

DOWNS, Anthony. *An Economic Theory of Democracy*. Nova York: Harper & Row, 1957. [Ed. bras. *Uma teoria econômica da democracia*. Trad. Sandra Guardini Teixeira Vasconcelos. São Paulo: Edusp, 1999.]

FEDELE, M. (Org.) *Teoria e critica della liberaldemocrazia. Testi e documenti per un'interpretazione alternativa*. Bari: De Donato, 1972.

FEUER, Lewis Samuel. *Spinoza and the Rise of Liberalism*. Bostom: Beacon Press, 1958.

FREEDEN, Michael. *The New Liberalism. An Ideology of Social Reform*. Londres: Clarendon Press, 1978.

FRIEDRICH, Carl Joachim. *Constitutional Government and Democracy*. Bostom: Ginn and C., 1950 (Tr. it. Neri Pozza, Vicenza, s.d.).

GERMINO, D.; BEYME, K. von (Org.). *The Open Society in Theory and Practice*. The Hague: Martinus Nijhoff, 1974.

GHIBAUDI, S. Rota. Liberalismo. L'ideologia. *In*: *Il mondo contemporaneo*. v. II: Storia d'Europa. Firenze: La Nuova Italia, 1981.

GUERCI, Luciano. *Libertà degli antichi e libertà dei moderni*. Napoli: Guida, 1979.

HALLOWELL, John. *The Decline of Liberalism as an Ideology with particular reference to German Political Legal Thought*. Berkeley: University of California Press, 1943.

HALLOWELL, John. *The Moral Foundation of Democracy*. The University of Chicago Press, 1954.

HAYEK, Frederich August von. *Law, Legislation and Liberty*. Londres: Routledge and Kegan Paul, 1973-78. 3 v. [Ed. bras. *Direito, legislação e liberdade. Uma nova formulação dos princípios liberais de justiça e economia política*. Apresentação da obra e supervisão da tradução de Henry Maksoud. São Paulo: Visão, 1985.]

HAYEK, Frederich August von. Liberalismo. *In*: *Enciclopedia del Novecento*. v. III. Roma: Istituto dell'Enciclopedia Italiana, 1978.

HAYEK, Frederich August von. *The Constitution of Liberty*. Chigaco: The University of Chicago Press, 1960 (Tr. it. *La società libera*. Firenze: Vallecchi, 1969). [Ed. bras. *Os fundamentos da liberdade*. Supervisão e introdução de Henry Maksoud. Trad. Anna Maria Capovilla e José Ítalo Stelle. São Paulo: Visão, 1983.]

HERMENS, Ferdinand A. *The Representative Republic*. University of Notre Dame Press, 1958 (Tr. it. Vallecchi, Firenze, 1968).

KELSEN, Hans. *Vom Wesen und Wert der Demokratie*. Tùbingen: Mohr, 1929 (Tr. it. *La democrazia*, comprendente altri scritti di Kelsen sull' argomento. Org. G. Gavazzi. Bolonha: II Mulino, 1981). [Ed. bras. *A democracia*. Trad. Ivone Castilho Benedetti, Jefferson Luiz Camargo, Marcelo Brandão Cipolla e Vera Barkow. São Paulo: Martins Fontes, 2000.]

LASKI, Harold. *The Rise of European Liberalism*. Londres: Allen and Unwin, 1936. [Ed. bras. *O liberalismo europeu*. Trad. Álvaro Cabral. São Paulo: Mestre Jou, 1973.]

MACHIAVELLI, Beatrice Rangoni. *Socialismo liberale e liberalismo sociale. Esperienze e prospettive in Europa*. Bolonha: Forni, 1981.

MACHIAVELLI, Nicolau. *Il Principe*. cap. 4. *In*: FLORA, F. (Org.). *Tutte le Opere*. v. 1. Milão: Mondadori, 1949. p. 14 [Ed. bras. *O Príncipe*. Trad. Lívio Xavier. 4. ed. São Paulo: Edipro, 2015.].

MACPHERSON, Crawford Brough. *The Life and Time of Liberal Democracy*. Oxford University Press, 1977 (Tr. it. Milão: Il Saggiatore,

1980). [Ed. bras. *A Democracia Liberal: Origens e Evolução*. Rio de Janeiro: Zahar, 1978.]

MANNING, D. J. *Liberalism*. Londres: Dent and Sons, 1976.

MATTEUCCI, Nicola. *Il liberalismo in un mondo in trasformazione*. Bolonha: Il Mulino, 1972.

MATTEUCCI, Nicola. *Il liberalismo in una democrazia minacciata*. Bolonha: Il Mulino, 1981.

MATTEUCCI, Nicola. Liberalismo. *In*: *Dizionario di politica*. 2. ed. Turim: Utet, 1983. [Ed. bras. *Dicionário de política*. 5. ed. Brasília: Editora UNB, 2000.]

MATTEUCCI, Nicola. *Organizzazione del potere e libertà. Storia del costituzionalismo moderno*. Turim: Utet, 1976.

MINOGUE, Kenneth Robert. *The Liberal Mind*. Londres: Methuen, 1963.

PENNOCK, J. Roland. *Democratic Political Theory*. Princeton University Press, 1979.

ROSS, Alf. *Why Democracy?* Cambridge, Mass.: Harvard Universityy Press, 1952.

RUFFINI, Edoardo. *La ragione dei più. Ricerche sulla storia del principio di maggioranza*. Bolonha: Il Mulino, 1977.

SALVADORI, Massimo. *The Liberal Heresy. Origins and Historical Development*. Londres: Macmillan, 1977 (Tr. it. Bolonha: Forni, 1979. 2 v.).

SALVADORI, Massimo; WILEY, John (Orgs.). *European Liberalism*. Nova York, 1972.

SARTORI, Giovanni. *Democrazia e definizioni*. 3. ed. Bolonha: Il Mulino, 1969.

SCHUMPETER, Joseph A. *Capitalism, Socialism and Democracy*. Londres: Allen and Unwin, 1954 (Tr. it. Edizioni di Comunità, Milão, 1955). [Ed. bras. *Capitalismo, Socialismo e Democracia*. Rio de Janeiro: Zahar, 1984.]

SHAPIRO, Edward S. *Liberalism. Its Meaning and History*. Princeton University Press, 1948.

STEINBERG, Jules. *Locke, Rousseau and the Idea of Consent. An Inquiry into the Liberal-Democratic Theory of Political Obligation.* Westpoint, Conn.: Greenwood Press, 1981.

STRAUSS, Leo. *Liberalism Ancient and Modern*. Londres: Basic Books, 1968 (Tr. it. Giuffré, Milão, 1973).

TALMON, Jacob Leib. *The Origins of the Totalitarian Democracy.* Londres: Secker & Warburg, 1952 (Tr. it. Il Mulino, Bolonha, 1952).

TESSITORE, Fulvio. *Profilo dello storicismo politico.* Turim: Utet, 1981.

THOMPSON, Dennis Frank. *The Democratic Citizen. Social Science and Democratic Theory in the Twentieth Century.* Cambridge: Cambridge University Press, 1970.

UNGER, Roberto M. *Law in Modern Society Toward a Criticism of Social Theory*. Nova York: The Free Press, 1976.

UNGER, Roberto M. *Knowledge and Politics*. Nova York: The Free Press, 1976 (Tr. it. Il Mulino, Bolonha, 1983).

VACHET, André. *L'ideologie liberale. L'individu et sa propriété.* Paris: Éditions Anthropos, 1970.

VIOLANTE, Piero. *Lo spazio della rappresentanza. Francia 1788-1789.* Palermo: Renzo Mazzone Editore, 1981.

VIVARELLI, Roberto. *Il fallimento del liberalismo. Studi sulle origini del fascismo.* Bolonha: Il Mulino, 1981.

ZANONE: Valerio. Il liberalismo moderno. *In*: *Storia delle idee politiche economiche e sociali*. v. VI: Il secolo ventesimo. Turim: Utet, 1972.

Clássicos

ACTON, John Emerich. *Storia e libertà* (1907). Bari: Laterza, 2000. [Ed. bras. *Ensaios. Uma Antologia*. Rio de Janeiro: Topbooks, 2014.]

ARISTÓTELES. *La Politica* (334-322 a.C.). Bari: Laterza, 2002. [Ed. bras. *Política*. Trad. Maria Aparecida de Oliveira Silva. São Paulo: Edipro, 2019.]

BENTHAM, Jeremy. *Introduzione ai principi della morale e della legislazione* (1789). Turim: Utet, 1998. [Ed. bras. *Uma introdução aos princípios da moral e da legislação*. Trad. Luiz João Baraúna. São Paulo: Nova Cultural, 1989.]

BERLIN, Isaiah. *Quattro saggi sulla libertà* (1969). Milão: Feltrinelli, 1989. [Ed. bras. *Quatro ensaios sobre a liberdade*. Brasília: Editora da UNB, 1981.]

BOBBIO, Norberto. *Política e cultura* (1955). Turim: Einaudi, 2005. [Ed. bras. *Política e cultura*. Trad. Jaime Clasen. São Paulo: Editora Unesp, 2015.]

BURKE, Edmund. *Riflessioni sulla rivoluzione in Francia* (1790). Roma: Ideazione, 1998. [Ed. bras. *Reflexões sobre a Revolução na França*. Trad. José Miguel Nanni Soares. São Paulo: Edipro, 2014.]

BURKE, Edmund. *The Portable Edmund Burke* (1756-1797). Londres: Penguin, 1999.

COKE, Edward. *Commentaries on the Laws of England* (1572-1634). Chicago: University Of Chicago Press, 1979.

CONSTANT, Benjamin. *La libertà degli antichi paragonata a quella dei moderni* (1819), con – in appendici – *Profilo del liberalismo* di P. P. Portinaro. Turim: Einaudi, 2005. [Ed. bras. *A liberdade dos antigos comparada à dos modernos*. Trad. Leandro Cardoso Marques da Silva. São Paulo: Edipro, 2019.]

CROCE, Benedetto. *Etica e politica* (1931). Milão: Adelphi, 1994.

CROCE, Benedetto. *Storia d'Europa nel Secolo Decimonono* (1932). Milão: Adelphi, 1993.

CROCE, Benedetto; EINAUDI, Luigi. *Liberalismo e liberismo* (1952). Napoli: Ricciardi, 1988.

DE SANCTIS, Francesco. *Problemi e figure della filosofia giuridica e politica* (1860-1872). Roma: Bulzoni, 1998.

DE SANCTIS, Francesco. *Tocqueville. Sulla condizione moderna* (1860-1872). Milão: Franco Angeli, 1993.

DEWEY, John. *Liberalismo e azione sociale* (1935). Roma: Ediesse, 1997.

GOBETTI, Piero. *Scritti politici* (1917-1926). Turim: Einaudi, 1997.

HAMILTON, Alexander; MADISON, James; JAY, John e altri. *The Debate on the Constitution:* Federalist and Antifederalist Speeches, Articles, and Letters During the Struggle over Ratificatio (1787-1788). Library of America, 1993. [Ed. bras. *Os artigos federalistas 1787-1788*. Maria Luiza X. de A. Borges (Ed.). Rio de Janeiro: Nova Fronteira, 1993.]

HOBBES, Thomas. *De Cive* (1642). Roma: Editori Riuniti, 2005. [Ed. bras. *Do cidadão*. Tradução, apresentação e notas Raul Fiker. São Paulo: Edipro, 2016.]

HOBHOUSE, Leonard Trelawny. *Liberalismo* (1911). Firenze: Vallecchi, 1995.

HUMBOLDT, Karl Wilhelm von. *The Limits of State Action* (1792). Indianapolis: Liberty Fund, 1993. [Ed. bras. *Os limites da ação do Estado*. Trad. Jesualdo Correia. Rio de Janeiro: Topbooks, 2004.]

JELLINEK, Georg. *La Dichiarazione dei diritti dell'uomo e del cittadino. Un contributo alla moderna storia costituzionale* (1895). Bari: Laterza, 2002. [Ed. bras. *A Declaração dos Direitos do Homem e do Cidadão. Contribuição para o Direito Constitucional moderno*. Trad. Emerson Garcia. São Paulo: Atlas, 2015.]

KANT, Immanuel. Idea di una storia universale dal punto di vista cosmopolitico (1784). *In*: *Per la pace perpetua e altri scritti*. Roma:

Armando Editore, 2004. [Ed. bras. *Ideia de uma história universal de um ponto de vista cosmopolita.* São Paulo: Martins Fontes, 2004].

KANT, Immanuel. *Scritti di storia, politica e diritto (1784-1798).* Bari: Laterza, 2004.

LOCKE, John. *Due trattati sul governo e altri scritti politici* (1690). Turim: Utet, 1982. [Ed. bras. *Dois tratados sobre o governo.* Trad. Julio Fischer. São Paulo: Martins Fontes, 1998.]

MAZZINI, Giuseppe. *Dei Doveri dell'Uomo* (1860). Milão: Rizzoli, 2002. [Ed. bras. *Deveres do Homem.* Trad. Antonio Piccarolo e Leonor de Aguiar. Rio de Janeiro: W. M. Jackson Inc. 1950.]

MILL, John Stuart. *Sulla Libertà* (1858). Milão: Bompiani, 2000. [Ed. bras. *Sobre a liberdade.* Trad. e prefácio de Alberto da Rocha Barros. 2. ed. Petrópolis: Vozes, 1991.]

MILL, John Stuart. *Utilitarismo* (1861). Bolonha: Cappelli, 1981. [Ed. port. *Utilitarismo.* Introdução, tradução e notas de Pedro Galvão. Porto: Porto Editora, 2005.]

MONTESQUIEU. *Lo spirito delle leggi* (1748). Turim: Utet, 2005. [Ed. bras. *Do Espírito das Leis.* Trad. Edson Bini. São Paulo: Edipro, 2004.]

PAINE, Thomas. *Common Sense* (1776). Londres: Penguin, 2005. [Ed. bras. *Senso Comum.* Trad. A. Della Nina. São Paulo: Editora Abril, 1978.]

POPPER, Karl R. *La società aperta e i suoi nemici* (1945). Roma: Armando, 2004. [Ed. bras. *A sociedade aberta e seus inimigos.* Trad. Milton Amado. Belo Horizonte: Itatiaia; São Paulo: Edusp, 1974.]

RAWLS, John. *Una teoria della giustizia* (1971). Milão: Feltrinelli, 1982. [Ed. bras. *Uma teoria da Justiça.* Trad. Almiro Pisetta e Lenita Esteves. São Paulo: Martins Fontes, 2000.]

RICARDO, David. *Opere* (1809-1823). Turim: Utet, 1986. 2 v.

ROUSSEAU, Jean-Jacques. *Il Contratto Sociale* (1762). Turim: Einaudi, 2005. [Ed. bras. *O contrato social*. Trad. Edson Bini. 2. ed. São Paulo: Edipro, 2015.]

SIÉYÈS, Emmanuel-Joseph. *Qu'est-ce que le tiers-état?* (1789). Milão: Fondazione G. Feltrinelli, Edizioni Sipiel, 2003. [Ed. bras. *A constituinte burguesa. Qu'est-ce que le Tiers État?* Organização e introdução analítica de Aurélio Wander Bastos, Epílogo de José Ribas Vieira, Trad. Norma Azevedo. 6. ed. Rio de Janeiro: Freitas Bastos, 2014.]

SMITH, Adam. *Indagine sulla natura e le cause della ricchezza delle nazioni* (1776). Roma: Newton Compton, 1995. [Ed. bras. *A Riqueza das Nações. Investigação sobre sua natureza e suas causas.* Apresentação de Winston Fritsch. Trad. Luiz João Baraúna. São Paulo: Nova Cultural, 1996.]

SPINOZA, Baruch. *Trattato Teologico-Politico* (1670). Milão: Bompiani, 2001. [Ed. port. *Tratado Teológico-Político*. Tradução, introdução e notas de Diogo Pires Aurélio. 3. ed. Lisboa: Imprensa Nacional-Casa da Moeda, 2004.]

TALMON, Jacob Leib. *Le origini della democrazia totalitaria* (1952). Bolonha: Il Mulino, 1967.

TOCQUEVILLE, Alexis De. *La democrazia in America* (1835-1840). Città Aperta Edizioni, 2005. [Ed. bras. *A democracia na América*. Trad. Julia da Rosa Simões. São Paulo: Edipro, 2019.]

VOLTAIRE. *Trattato sulla tolleranza* (1762). Roma: Editori Riuniti, 2005. [Ed. bras. *Tratado sobre a tolerância*. Trad. Leandro Cardoso Marques da Silva. São Paulo: Edipro, 2017.]

Atualização – Sobre liberalismo

ACKERMAN, Bruce. *The Future of Liberal Revolution.* New Haven: Yale University Press, 1992.

ANDERSON, Charles. *Pragmatic Liberalism.* Chicago: University of Chicago Press, 1994.

ANGELINI, Giovanna; COLOMBO, A.; GASTALDI, Paolo. *Poteri e libertà.* Milão: Franco Angeli, 2001.

ARBLASTER, Anthony. *The Rise and Decline of Western Liberalism.* Oxford: Blackwell, 1984.

AVINERI, Shlomo (Org.). *Communitarism and Individualism.* Oxford: Oxford University Press, 1992.

AVNON, Dan; DE SHALIT, Avner (Orgs.). *Liberalism and its Practice.* Routledge, 1999.

BAGHRAMIAN, Maria; INGRAM, Attracta (Orgs.). *Pluralism: the Philosophy and Politics of Diversity.* Routledge, 2001.

BALDWIN, David. *Neorealism and Neoliberalism.* Columbia University Press, 1993.

BARBER, Benjamin. *The Conquest of Politics, Liberal Philosophy in Democratic Times.* Princeton University Press, 1988.

BARRY, Brian. *Liberty and Justice.* Oxford: Clarendon Press, 1991.

BELL, Daniel. *Communitarianism and Its Critics.* Oxford University Press, 1993.

BELLAMY, Richard. *Rethinking Liberalism.* Pinter Publishers Ltd., 2000.

BELLAMY, Richard; HOLLIS, Martin (Orgs.). *Pluralism and Liberal Neutrality.* Frank Cass Publishers, 1998.

BENN, Stanley I. *A Theory of Freedom.* Cambridge: Cambridge University Press, 1988.

BERTEN, Andre; SILVEIRA, Pablo Da; POURTOIS, Hervé (Orgs.). *Liberaux et communautariens.* Paris: Presses Universitaires de France, 1997.

BESOMI, Daniele; RAMPA, Giorgio. *Dal liberalismo al liberismo. Stato e mercato nella storia delle idee e nell'analisi degli economisti*. Turim: Giappichelli, 2000.

BIRD, Colin. *The Myth od Liberal Individualism*. Cambridge University Press, 1999.

BOBBIO, Norberto. *Eguaglianza e libertà*, Einaudi, Turim, 1995. [Ed. bras. *Igualdade e liberdade*. Trad. Carlos Nelson Coutinho. Rio de Janeiro: Ediouro, 1996.]

BOBBIO, Norberto. *L'età dei diritti*. Turim: Einaudi, 1990. [Ed. bras. *A era dos direitos*. Trad. Carlos Nelson Coutinho; apresentação de Celso Lafer. Rio de Janeiro: Elsevier, 2004.]

BOVERO, Michelangelo (Org.). *Quale libertà. Dizionario minimo contro i falsi liberali*. Bari: Laterza, 2004.

BOVERO, Michelangelo (Org.); MURA, Virgilio; SBARBERI, Franco (Orgs.). *I dilemmi del liberal socialismo*. Roma: NIS, 1994.

BRINKLEY, Alan. *Liberalism and Its Discontents*. Harvard University Press, 1998.

BUDZISZEWSKI, J. *True Tolerance: Liberalism and the Necessity of Judgment*. Transaction Publishers, 1999.

CARTER, Ian; RICCIARDI, Mario (Orgs.). *L'idea di libertà*. Milão: Feltrinelli, 1996.

CHRISTMAN, John; ANDERSON, Joel (Orgs.). *Autonomy and the Challenges to Liberalism: New Essays*. Cambridge University Press, 2005.

COHEN, Gerald Allan. *Self Ownership, Freedom and Equality*. Cambridge: Cambridge University Press, 1995.

COKER, Christopher. *War and the Illiberal Conscience*. Westview Press, 1998.

CONWAY, David. *In*: *Defence of the Realm: the Place of Nations in Classical Liberalism*. Ashgate Publishing, 2004.

CRITTENDEN, Jack. *Beyond Individualism: Reconstructing the Liberal Self*. Oxford University Press, 1992.

D'ARCAIS, Paolo Flores. *L'individuo libertario*. Turim: Einaudi, 1999.

DAGGER, Richard. *Civic Virtue: Rights, Citizenship and Republican Liberalism*. Oxford University Press, 1997.

DAHRENDORF, Ralf. *La libertà che cambia*. Roma-Bari: Laterza, 1994.

DAVIES, Gareth. *From Opportunity to Entitlement: the Transformation and Decline of Great Society Liberalism*. University of Kansas Press, 1999.

DAVION, Victoria. *The Idea of a Political Liberalism*. Rowman & Littlefield Publishers, 2000.

DIETZE, Gottffried. *Liberalism Proper and Proper Liberalism*. University Press of America, 1998.

DIGGINS, John P. *The Liberal Persuasion*. Princeton University Press, 1997.

DOMBROWSKI, Daniel. *Rawls and Religion: the Case for Political Liberalism*. State University of Nova York Press, 2001.

DOMINIJANNI, Ida (Org.). *Motivi di libertà*. Milão: Franco Angeli, 2001.

DOUGLASS, Bruce; HOLLENBACH, David (Orgs.). *Catholicism and Liberalism: Contribution to American Public Philosophy*. Cambridge: Cambridge University Press, 1994.

DWORKIN, Gerald. *The Theory and Practice of Autonomy*. Cambridge: Cambridge University Press, 1988.

DWORKIN, Ronald; MAFFETTONE, Sebastiano. *I fondamenti del liberalismo*, Bari: Laterza, 1996.

EPSTEIN, Richard. *Skepticism and Freedom: a Modern Case for Classical Liberalism*. University of Chigaco Press, 2003.

FERRARA, A. (Org.). *Comunitarismo e liberalismo*. Roma: Editori Riuniti, 1992.

FEST, Joachim C. *La libertà difficile: il lato debole della società aperta*. Milão: Garzanti, 1996.

FLATHMAN, Richard E. *Reflections af a Would-Be Anarchist: Ideals and Institutions of Liberalism*. University of Minnesota Press, 1998.

FLATHMAN, Richard E. *Willful Liberalism: Voluntarism and Individuality in Political Theory and Practice*. Ithaca N.Y.: Cornell University Press, 1992.

FROHNEN, Bruce. *The New Communitarians and the Crisis of Modern Liberalism.* University Press of Kansas, 1996.

GALEOTTI, Anna Elisabetta. *Multiculturalismo. Filosofia politica e conflitto identitario.* Napoli: Liguori, 1999.

GALSTON, William. *Liberal Pluralism: the Implications of Value Pluralism for Political Theory and Practice.* Cambridge: Cambridge University Press, 2002.

GALSTON, William. *The Practice of Liberal Pluralism.* Cambridge: Cambridge University Press, 2004.

GALSTON, William; MACLEAN, Douglas (Orgs.). *Liberal Purposes: Goods, Virtues and Diversity in the Liberal State.* Cambridge University Press, 1991.

GARANDEAU, Mikael (Org.). *Le libéralisme.* Paris: Flammarion, 1998.

GAUS, Gerald. *Justificatory Liberalism: an Essay on Epistemology and Political Theory*. Oxford University Press, 1996.

GAUS, Gerald. *Value and Justification: the Foundations of Liberal Theory.* Cambridge: Cambridge University Press, 1990.

GEORGE, Robert (Org.). *Natural Law, Liberalism and Morality: Contemporary Essays.* Oxford University Press, 2001.

GIRARD, Alain. *Le libéralisme contre la démocratie:* le temps des citoyens. Paris: Syros, 1997.

GRAY, John. *Liberalisms: Essays in Political Philosophy*. Londres: Routledge, 1989.

GRAY, John. *Post-Liberalism*. Londres: Routledge, 1996.

HABERMAS, Jurgen. *L'inclusione dell'altro.* Milão: Feltrinelli, 1998. [Ed. bras. *A inclusão do outro: estudos de teoria política*. Trad. George Sperber e Paulo Astor Soethe. São Paulo: Loyola, 2002.]

HALL, John A. *Liberalism.* Londres: Paladin, 1988.

HART, H. L. A.; RAWLS, John. *Le libertà fondamentali*. Turim: La Rosa Editrice, 1994.

HARVEY, David. *A Brief History of Neoliberalism.* Oxford University Press, 2005. [Ed. bras. *O neoliberalismo: historia e implicações*. Trad. Adail Sobral e Maria Stela Gonçalves. São Paulo:Loyola, 2008.]

HOLMES, Stephen. *Anatomia dell'antiliberalismo.* Edizioni di Comunità, 1995.

INGERSOLL, David et altri. *The Philosophic Roots of Modern Ideology: Liberalism, Communism, Fascism, Islamism*. Prentice Hal, 2000.

INSOLE, Christopher. *The Politics of Human Frailty: a Theological Defense of Political Liberalism.* University of Notre Dame Press, 2005.

JORDAN, John. *Machine-age Ideology: Social Engineering and American Liberalism: 1911-1939*. Chapel Hill: University of North Carolina Press, 1994.

KAHN, Paul. *Putting Liberalism in Its Place*. Princeton University Press, 2004.

KEKES, John. *Against Liberalism.* Cornell University Press, 1997.

KERNHOAN, Andrew. *Liberalism, Equality and Cultural Oppression.* Cambridge University Press, 1998.

KLOPPENBERG, James. *The Virtues of Liberalism*. Oxford University Press, 1998.

KLOSKO, George (Org.). *Perfectionism and Neutrality: Essays in Liberal Theology*. Rowman & Littlefield Publishers, 2003.

KRISTJÀNSSON, Kristjan. *Social Freedom: the Responsability View*. Cambridge: Cambridge University Press, 1996.

KUKATHAS, Chandran. *The Liberal Arcipelago: a Theory of Diversity and Freedom.* Oxford University Press, 2003.

MACLEOD, Colin. *Liberalism, Justice and Markets: A Critique of Liberal Equality*. Oxford: Oxford University Press, 1998.

MAFFETTONE, Sebastiano (Org.). *Libertà ed eguaglianza*. Turim: La Rosa Editrice, 1991.

MANDLE, John. *What's Left of Liberalism?* Cambridge: Cambridge University Press, 2004.

MANENT, Pierre. *Histoire intellectuelle du libéralisme.* Paris: Hachette, 1997.

MARCO, Costantino (con introduzione di Ernst Nolte). *Libertà e liberalismo. Pensiero e politica della ragione in Occidente.* Lungro di Cosenza: Marco Editore, 2004.

MASSEY, Douglas. *Return of the "L" Word: a Liberal Vision for the New Century.* Princeton University Press, 2005.

MILLER, David (Org.). *Liberty.* Oxford: Oxford University Press, 1991.

MORRIS, Peter. *Power: a Philosophical Analysis.* Manchester: Manchester University Press, 1987.

MULHALL, Stephen; SWIFT, Adam. *Liberals and Communitarians.* Cambridge: Blackwell, 1992.

NAGEL, Thomas. *Uno sguardo da nessun luogo.* Milão: Il Saggiatore, 1988.

NEAL, Patrick. *Liberalism and Its Discontents.* Nova York University Press, 1997.

NEWEY, Glen. *After Politics: the Rejection of Politics in Contemporary Liberal Philosophy.* Palgrave Macmillan, 2001.

NIELSEN, Kai. *Equality and Liberty: a Defence of Radical Egalitarianism.* Nova Jersey: Rowman and Allanheld, Nova Jersey, 1985.

NORTON, Anne. *Republic of Signs: Liberal Theory and American Popular Culture.* University of Chicago Press, 1993.

OPPENHEIM, Felix E. *Concetti politici: una ricostruzione.* Bolonha: Il Mulino, 1985.

PARIJS, Philippe van. *Real Freedom for All: what (if anything) can Justify Capitalism?* Oxford: Clarendon Press, 1995.

PAUL, Ellen Frankel; MILLER, Jr. F. D.; PAUL, Jeffrey (Orgs.). *Liberty and Equality.* Oxford: Blackwell, 1985.

PETTIT, Philip. *Republicanism: a Theory of Freedom and Government.* Oxford: Oxford University Press, 1996.

PINKARD, Terry. *Democratic Liberalism and Social Union.* Temple University Press, 1987.

RAMSAV, Maureen. *What's Wrong with Liberalism? A Radical Critique of Liberal Political Pilosophy.* Cassell, 1996.

RASMUSSEN, Douglas; UYL, Douglas Den (Orgs.). *Liberalism Defended: the Challenge of Post-Modernity*. Edward Elgar Publishing, 1998.

RAWLS, John. *Liberalismo politico*. Edizioni di Comunità, 1994. [Ed. bras. *Liberalismo político*. São Paulo: Ática, 2000.]

RAZ, Joseph. *The Morality of Freedom*. Oxford: Clarendon Press, 1986.

REIMAN, Keffrey. *Critical Moral Liberalism*. Rowman&Littlefield Publishers, 1996.

RILEY, Jonathan. *Liberal Utilitarianism*. Cambridge University Press, 1988.

ROBERTS, David D. *Una nuova interpretazione del pensiero di Croce*. Roma: Istituti Editoriali e Poligrafici Internazionali, 1995.

ROSENBLUM, Nancy L. (Org.). *Liberalism and Moral Life*. Cambridge (Ma.): Harvard University Press, 1989.

RYN, Claes G. *A Common Human Ground. Universality and Particularity in a Multicultural World*. Columbia/Londres: University of Missouri Press, 2003.

SANDEL, Michael. *Liberalism and the Limits of Justice*, Cambridge University Press, 1998. [Ed. port. *O Liberalismo e os Limites da Justiça*. Trad. C. P. Amaral. Lisboa: Gulbenkian, 2005.]

SBARBERI, Franco. *L'utopia della libertà uguale. Il liberalismo sociale da Rosselli a Bobbio*. Turim: Bollati Boringhieri, 1999.

SCHEFFLER, Samuel. *Boundaries and Allegiances: Problem of Justice and Responsability in Liberal Thought*. Oxford University Press, 2003.

SKINNER, Quentin. *Liberty Before Liberalism*. Cambridge University Press, 1998. [Ed. bras. *Liberdade antes do liberalismo*. São Paulo: Editora Unesp, 1999.]

SMITH, Patricia. *Liberalism and Affirmative Obligation*. Oxford University Press, 1998.

SWANTON, Christine. *Freedom: a Coherence Theory*. Indianápolis: Hackett, 1992.

TERCHEK, Ronald. *Republican Paradoxes and Liberal Anxieties*. Rowman & Littlefield Publishers, 1996.

TOMASI, John. *Liberalism Beyond Justice: Citizens, Society and the Boundaries of Political Theory*. Princeton University Press, 2001.

TUCKER, David F. B. *Essay on Liberalism: Looking Left and Right*. Springer, 1994.

TUCKER, David F. B. *Law, Liberalism and Free Speech*. Rowman & Littlefield Publishers, 1986.

VITALE, Ermanno (Org.). *Diritti fondamentali*. Bari: Laterza, 2001.

VITALE, Ermanno (Org.). *Liberalismo e multiculturalismo*. Bari: Laterza, 2000.

WALZER, Michael (entrevista a Marcello Molinari). *La libertà e i suoi nemici*, Bari: Laterza, 2003.

WALZER, Michael. *La tolleranza*, Bari: Laterza, 1998. [Ed. bras. *Da tolerância*. Trad. Almiro Pisseta. São Paulo: Martins Fontes, 1999.]

YACK, Bernard (Org.). *Liberalism without Illusions*. University of Chicago Press, 1996.

YOUNG, James. *Reconsidering American Liberalism: the Troubled Odyssey of the Liberal Idea*. Westview Press, Boulder, Col. 1996.

YOUNG, Shaun. *Beyond Rawls: an Analysis of the Concept of Political Liberalism*. University Press of America, 2002.

Atualização – Sobre democracia

ADENIUS, Axel. *Democracy and Development*. Cambridge University Press, 1992.

ADENIUS, Axel (Org.). *Democracy's Victory and Crisis*. Cambridge University Press, 1997.

ALLUM, Percy. *Democrazia reale. Stato e società civile nell'Europa Occidentale*. Turim: Utet, 1998.

ANDERSON, Charles W. *A Deeper Freedom: Liberal Democracy as an Everyday Morality*. University of Wisconsin Press, 2002.

ARCHIBUGI, D.; BEETHAM, D. *Diritti umani e democrazia cosmopolitica*. Milão: Feltrinelli, 1998.

AXTMANN, Roland. *Liberal Democracy into the Twenty-First Century: Globalization, Integration and the Nation-State*, 1997.

BAECHLER, Jean. *Democrazia oggi: morte e resurrezione di un sistema*. Genova: Ecig, 1996.

BAEQUE, Antoine de. *Une histoire de la démocratie en Europe*. Paris: Le Monde éditions, 1991.

BAGNOLI, Paolo. *Repubblica, democrazia, stato: idee politiche e crisi storiche*. Firenze: Polistampa, 1994.

BAKER, C. Edwin; ENTMAN, Robert M. (Orgs.). *Media, Markets, and Democracy (Communication, Society and Politics)*. Cambridge University Press, 2003.

BALDASSARRE, Antonio (Org.). *I limiti della democrazia*. Bari: Laterza, 1985.

BALIBAR, Etienne. *Le frontiere della democrazia*. Manifestolibri, 2000.

BALL, Terence; DAGGER, Richard. *Political Ideologies and the Democratic Ideal*. Longman, 2003.

BARBANO, Filippo. *Pluralismo. Un lessico per la democrazia*. Turim: Bollati Boringhieri, 1999.

BARBERA, Augusto; FUSARO, Carlo. *Il governo delle democrazie.* Bolonha: Il Mulino, 1998.

BARCELLONA, Pietro. *Democrazia: quale via di scampo?* Molfetta: La Meridiana, 1995.

BAUER, Riccardo. *Un progetto di democrazia.* Bolonha: Il Mulino, 1996.

BEETHAM, David; BOYLE, Kevin. *Democracy: 80 Questions and Answers.* Nova Delhi: National Book Trust, 1995.

BELL, Jeffrey. *Populism and Elitism: Politics in the Age of Equality.* Palgrave Macmillan, 2002.

BENNETT, W. Lance. *News: The Politics of Illusion.* Nova York: Longman, 2003.

BENOIST, Alain de. *Democrazia: il problema.* Firenze: Arnaud, 1985.

BERLET, Chip; LYONS, Matthew. *Right-Wing Populism in America: Too Close for Comfort.* The Guilford Press, 2000.

BETZ, Hans Georg. *Radical Right-Wing Populism in Western Europe.* Nova York: St. Martin's Press, 1994.

BETZ, Hans Georg; IMMERFALL, Stefan (Orgs.). *The New Politics of Right: Neo-Populist Parties and Movements in Established Democracies.* Palgrave Macmillan, 1998.

BOBBIO, Norberto. *Dal fascismo alla democrazia: i regimi, le ideologie, le figure, le culture politiche*, Baldini&Castoldi, 1997. [Ed. bras. *Do fascismo à democracia: os regimes, as ideologias, os personagens e as culturas políticas.* Org. de Michelangelo Bovero. Ed. de Daniela Versiani. Rio de Janeiro: Elsevier, 2007.]

BOBBIO, Norberto. *Della democrazia.* Firenze: Le Monnier, 1995.

BOBBIO, Norberto. *La democrazia violenta.* Firenze: Le Monnier, 1994.

BOBBIO, Norberto. *Tra due repubbliche: alle origini della democrazia italiana.* Roma: Donzelli, 1996. [Ed. bras. *Entre Duas Repúblicas. Às Origens da Democracia Italiana.* Brasília: Editora UnB, 2000.]

BONANATE, Luigi. *Democrazia tra le nazioni.* Milão: Mondadori, 2001.

BOVERO, Michelangelo. *Contro il governo dei peggiori. Una grammatica della democrazia*, Bari: Laterza, 2000. [Ed. bras. *Contra o governo dos piores. Uma gramática da democracia*. Ed. Daniela Beccaccia Versiani. Rio de Janeiro: Campus, 2002.]

BRANCOLI, Rodolfo. *In: nome della lobby: politica e denaro in una democrazia*. Milão: Garzanti, 1990.

BROCK, David. *The Republican Noise Machine: Right Wing Media and How It Corrupts Democracy*. Crown, 2004.

BRUCKNER, Pascal. *La malinconia democratica: come vivere senza nemici*. Vibo Valentia: Monteleone, 1994.

BUCHANAN, James; TULLOCK, Gordon. *Il calcolo del consenso. Fondamenti logici della democrazia costituzionale*. Bolonha: Il Mulino, 1998.

CAMPANINI, Giorgio. *Personalismo e democrazia*. Bolonha: EDB, 1987.

CANFORA, Luciano. *Critica della retorica democratica*. Bari: Laterza, 2002.

CANFORA, Luciano. *La democrazia. Storia di un'ideologia*. Bari: Laterza, 2004.

CASSESE, Sabino. *Maggioranza e minoranza. Il problema della democrazia in Italia*. Milão: Garzanti, 1995.

CERRONI, Umberto. *Regole e valori della democrazia*. Roma: Editori Riuniti, 1989.

CHOMSKY, Noam. *Democrazia agli ostacoli*. Firenze: Shakespeare & Co, 1994. [Ed. bras. *Contendo a Democracia*. Trad. Vera Ribeiro. Rio de Janeiro: Record, 2003.]

CHOMSKY, Noam. *Democrazia e istruzione, Non c'è libertà senza educazione*. EdUP editore, 2005.

CHOMSKY, Noam. *La democrazia del Grande Fratello*. Piemme, 2005.

COHEN, Elliot (Org.). *News Incorporated: Corporate Media Ownership And Its Threat To Democracy*. Prometheus Books, 2005.

CRENSON, Matthew; GINSBERG, Benjamin. *Downsizing Democracy: How America Sidelined Its Citizens and Privatized Its Public*. Johns Hopkins University Press, 2002.

CUMMINGS, Milton C.; WISE, David. *Democracy under Pressure.* Wadsworth Publishing, 2004.

DAHL, Robert A. *La democrazia e i suoi critici.* Roma: Editori Riuniti, 1990. [Ed. bras. *A democracia e seus críticos*. Trad. Patrícia de Freitas Ribeiro. São Paulo: Martins Fontes, 2012.]

DAHL, Robert A. *Sulla democrazia.* Bari: Laterza, 2000. [Ed. bras. *Sobre a democracia*. Brasília: Editora da UNB, 2001.]

DAHRENDORF, Ralf. *Il futuro della democrazia.* Roma: Istituto Enciclopedia Italiana, 1992.

DAHRENDORF, Ralf. *Intervista sulla crisi della democrazia.* Bari: Laterza, 2001.

DALTON, Russell J. *Citizen Politics: Public Opinion and Political Parties in Advanced Industrial Democracies.* Chatman House Publishers, 2002.

DANIELE, Archibugi; DAVID, Beetham. *Diritti umani e democrazia cosmopolitica.* Milão: Feltrinelli, 1998.

DIAMOND, Larry. *Political Culture and Democracy in Developing Countries*. Londres: Lynn Rienner, 1993.

DOEL, Hans van der. *Democrazia e benessere*. Bolonha: Il Mulino, 1985.

DRYZEK, John. *Deliberative Democracy and Beyond: Liberals, Critics, Contestations.* Oxford University Press, 2001.

DUNN, John. *La democrazia: storia di un'idea politica dal VI sec. a.C. ad oggi.* Venezia: Marsilio, 1995.

DYE, Thomas R.; ZEIGLER, Harmon. *The Irony of Democracy*. Wadsworth Publishing, 2002.

EDELMAN, Murray. *The Politics of Misinformation.* Cambridge University Press, 2001.

FABBRINI, Sergio. *Il principe democratico. La leadership nelle democrazie contemporanee.* Bari: Laterza, 1999.

FALLOWS, James. *Breaking the News: How the Media Undermine American Democracy.* Nova York: Random House, 1996.

FIERLBECK, Katherine. *Globalizing Democracy: Power, Legitimacy and the Interpretation of Democratic Ideas.* Nova York: St. Martin's Press, 1998.

GASTIL, John; LEVINE, Peter (Orgs.). *The Deliberative Democracy Handbook: Strategies for Effective Civic Engagement in the Twenty-First Century.* Jossey-Bass, 2005.

GILBERT, Alan. *Democratic Individuality.* Cambridge University Press, 1990.

GINER, Salvador. *Le ragioni della democrazia.* Bari: Laterza, 2001.

GIOVINE, Alfonso Di. *Democrazia diretta e sistema politico.* Padova: Cedam, 2001.

GIRAUDI, Giorgio; RIGHETTINI, M. Stella. *Le autorità amministrative indipendenti. Dalla democrazia della rappresentanza alla democrazia dell'efficienza.* Bari: Laterza, 2001.

GORMLEV, William; BALLA, Steven. *Bureaucracy and Democracy: Accountability and Performance.* CQ Press, 2003.

GOTTFRIED, Paul E. *After Liberalism: Mass Democracy in the Managerial State.* Princeton University Press, 1999.

GOULD, Carol. *Rethinking Democracy: Freedom and Social Co-operation in Politics, Economy and Society.* Cambridge University Press, 1988.

GREBLO, Edoardo. *Democrazia.* Bolonha: Il Mulino, 2000.

GREEN, Philip (Org.). *Key Concepts in Critical Theory: Democracy.* Atlantic Highlands N. J.: Humanities Press International, 1993.

GREENBERG, Edward S. *Struggle for Democracy.* Longman, 2004.

GUTMANN, Amy. *Identity in Democracy.* Princeton University Press, 2004.

HABERMAS, Jurgen. *La costellazione postnazionale.* Milão: Feltrinelli, 1999. [Ed. bras. *A constelação pós-nacional. Ensaios políticos.* São Paulo: Littera Mundi, 2001.]

HARRISON, Ross. *La democrazia è un bene? Introduzione alla storia e alla teoria dei sistemi liberaldemocratici.* Genova: Ecig, 1996.

HELD, David. *Modelli di democrazia*. Bolonha: Il Mulino, 1989; 1997. [Ed. bras. *Modelos de Democracia*. Trad. Alexandre Sobreira Martins. Belo Horizonte: Paidéia, 2001.]

HELD, David; MCGREW, Anthony. *Globalismo e antiglobalismo*. Bolonha: Il Mulino, 2001.

HENDERSON; Errol. *Democracy and War: The End of an Illusion?*. Lynne Rienner Publishers, 2002.

HIPPEL, Eric von. *Democratizing Innovation*. The MIT Press, 2005.

HIRST, Paul. *Dallo statalismo al pluralismo: saggi sulla democrazia associativa*. Turim: Bollati Boringhieri, 2000.

HOLMES, Stephen. *Passioni e vincoli. I fondamenti della democrazia liberale*. Edizioni di Comunità, 1998.

HOPPE, Hans-Herman. *Democracy: The God that Failed: The Economics and Politics of Monarchy, Democracy, and Natural Order*. Transaction Publishers, 2001.

HUBER, John; SHIPAN, Charles. *Deliberate Discretion? The Institutional Foundations of Bureaucratic Autonomy*. Cambridge University Press, 2002.

HUNTINGTON, Samuel P. *The Third Wawe: Democratization in the Late Twentieth Century*. Norma: University of Oklahoma Press, 1991. [Ed. bras. *A terceira onda: a democratização no final do século XX*. São Paulo: Ática, 1994.]

HUNTLEY, James. *Pax Democratica: a Strategy for the 21st Century*. Nova York: St. Martin's Press, 1998.

JACOBS, Lawrence; SHAPIRO, Robert. *Politicians Don't Pander: Political Manipulation and the Loss of Democratic Responsiveness*. University of Chicago Press, 2000.

JANDA, Kenneth. *Challenge of Democracy*. Houghton Mifflin, 2002.

JUDIS, John B. *The Paradox of American Democracy: Elites, Special Interests, and the Betrayal of the Public Trust*. Brunner/Routledge, 2001.

KATEB, George. *The Inner Ocean: Individualism and Democratic Culture.* New Haven: Yale University Press, 1992.

KEANE, John. *The Media and Democracy.* Cambridge: Polity Press, 1991.

KEENAN, Alan. *Democracy in Question: Democratic Openness in a Time of Political Closure.* Stanford University Press, 2003.

KEKES, John. *The Illusion of Egalitarianism.* Cornell University Press, 2003.

KLOSKO, George. *Democratic Procedures and Liberal Consensus.* Oxford University Press, 2004.

KOSLOWSKI, Peter (Org.). *Individual Liberty and democratic Decision--Making: the Ethics, Economics and Politics of Democracy.* Tubingen: J. C. B. Mohr, 1987.

KYMLICKA, Will. *La cittadinanza multiculturale.* Bolonha: Il Mulino, 1999.

LANE, Robert. *The Loss of Happiness in Market Democracies.* Yale University Press, 2001.

LASCH, Christopher. *La ribellione delle élite: il tradimento della democrazia.* Milão: Feltrinelli, 1995. [Ed. bras. *A Rebelião das Elites e a Traição da Democracia.* São Paulo: Ediouro, 1995.]

LATOUR, Bruno; WEIBEL, Peter (Orgs.). *Making Things Public: Atmospheres of Democracy.* The MIT Press, 2005.

LECKY, William. *Democracy and Liberty.* Londres: Longmans, Green and Co., 1986.

LICHTEMBERG, Judith (Org.). *Democracy and Mass Media: a Collection of Essays.* Cambridge University Press, 1990.

LIJPHART, Arend. *Democrazie contemporanee.* Bolonha: Il Mulino, 2001. [Ed. bras. *Modelos de democracia: desempenho e padrões de governo em 36 países.* Rio de Janeiro: Civilização Brasileira, 2003.]

LUKACS, John. *Democracy and Populism: Fear and Hatred.* New Haven: Yale University Press, 2005.

MACEDO, Stephen; ALEX-ASSENSOH, Yvette. *Democracy at Risk: Toward a Political Science of Citizenship.* Brooking Institution Press, 2005.

MANN, Michael. *Il lato oscuro della democrazia.* Milão: Università Bocconi Editore, 2005.

MARONGIU, Gianni. *La democrazia come problema.* Bolonha: Il Mulino, 1994.

MARZOCCHI, V.; PETRUCCIANI S. (Orgs.). *Democrazia e diritti nell'età globale.* Manifestolibri, 2004.

McCHESNEY, Robert. *Corporate Media and the Threat to Democracy.* Open Media, 1997.

McFAUL, Michael; PETROV, Nikolai; RYABOV, Andrei. *Between Dictatorship and Democracy: Russian Post-Communist Political Reform.* Carnegie Endowment for International Peace, 2004.

MÉNY, Yves; SUREL, Yves. *Populismo e democrazia.* Bolonha: Il Mulino, 2001.

MOUFFE, Chantal. *La politique et ses enjeux: pour une démocratie plurielle.* Paris: Le Découverte, 1994.

MOUFFE, Chantal. *The Democratic Paradox.* Londres: Verso, 2000.

MURAVCHIK, Joshua. *Exporting Democracy: Fullfilling America Destiny.* American Entreprise Institute Press, 1991.

NORTH, David. *The Crisis of American Democracy: The Presidential Elections of 2000 and 2004.* Mehring Books, 2004.

OLIVER, J. Eric. *Democracy in Suburbia.* Princeton University Press, 2001.

PALMA, Giuseppe Di. *The Craft Democracies: an Essay on Democratic Transitions.* Berckeley: University of California Press, 1990.

PANIZZA, Francesco (Org.). *Populism and the Mirror of Democracy.* University of California Press, 2004.

PETRONI, Angelo Maria; VIALE, Ricardo (Orgs.). *Individuale e collettivo. Decisione e razionalità.* Milão: Cortina, 1997.

PISCHEL, Enrica Collotti (Org.). *La democrazia degli altri.* Milão: Franco Angeli, 1996.

PORTINARO, Pier Paolo. Profilo del liberalismo. *In*: CONSTANT, Benjamin. *La libertà degli antichi, paragonata a quella dei moderni*. Turim: Einaudi, 2001.

PUTNAM, Robert. *Making Democracy Work. Civic Traditions in Modern Italy*. Princeton University Press, 1993. [Ed. bras. *Comunidade e democracia. A experiência da Itália moderna*. Rio de Janeiro: Editora FGV, 1996.]

REMOTTI, Francesco. *Contro l'identità*. Bari: Laterza, 1996.

RICCI, David. *The Tragedy of Political Science: Politics, Scholarship and Democracy*. New Haven: Yale University Press, 1984.

RIKER, William. *Liberalismo contro populismo: confronto tra teoria della democrazia e teoria della scelta sociale*. Milão: Edizioni di Comunità, 1996.

ROSANVALLON, Pierre. *Prefazione a una teoria della disillusione verso la democrazia*. Milão: Anabasi, 1994.

RYN, Claes. *America the Virtuous: The Crisis of Democracy and the Quest for Empire*. Transaction Publishers, 2003.

SAKWA, Richard (Org.). *The Experience of Democratization in Eastern Europe*. New York: St. Martin's Press, 1999.

SAMONS, Loren J. *What's Wrong with Democracy? From Athenian Practice to American Worship*. University of California Press, 2004.

SANDEL, Michael. *Democracy's Discontent: America in Search of a Public Philosophy*. Belknap Press, 1998.

SARAT, Austin (Org.). *Liberal Modernism and Democratic Individuality*. Princeton University Press, 1990.

SARTORI, Giovanni. *Democrazia: che cosa è*. Milão: Rizzoli, 1993.

SARTORI, Giovanni. *The Theory of Democracy Revisited*. Chatman N. J.: Chatman House Publishers, 1987. [Ed. bras. *A Teoria da Democracia Revisitada. O Debate Contemporâneo*. Trad. Dinah de Abreu Azevedo. Revisão técnica de Régis de Castro Andrade. São Paulo: Ática, 1994.]

SCHATTSCHNEIDER, Elmer. *Il popolo semi-sovrano. Un'interpretazione realistica della democrazia in America*. Genova: Ecig, 1998.

SEN, Amartya. *L'ineguaglianza*. Bolonha: Il Mulino, 1994. [Ed. bras. *Desigualdade Reexaminada*. 2. ed. Rio de Janeiro: Record, 2008.]

SEN, Amartya. *La democrazia degli altri. Perché la libertà non è un'invenzione dell'Occidente*. Milão: Mondadori, 2004.

SEN, Amartya. *Scelta, Benessere ed Equità*. Bolonha: Il Mulino, 1986.

SKOCPOL, Theda. *Diminished Democracy: from Membership to management in Amercian Civic Life*. University of Oklahoma Press, 2003.

SORENSEN, Georg. *Democracy, Dictatorship and Development: Economic Development in Selected Regimes of the Third World*. Londres: Macmillan Press, 1991.

STARR, Paul. *The Creation of the Media: the Political Origins of Mass Communications*. Nova York: Basic Books, 2004.

STATERA, Gianni. *La politica spettacolo*. Milão: Mondadori, 1986.

STERNHELL, Zeev. *L'éternel retour: contre la démocratie, l'ideologie de la décadence*. Paris: Presse de la Fondation Nationale des Sciences Politiques, 1994.

SUNSTEIN, Cass R. *Democracy and the Problem of Free Speech*. Free Press, 1995.

SWIFT, Richard. *La democrazia*. Carocci Editore, 2004.

TAVERNE, Dick. *March Of Unreason: Science, Democracy, and the Nova Fundamentalism*. Brookings Institution Press, 2001.

TAYLOR, Charles. *Il disagio della modernità*. Bari: Laterza, 1994.

TAYLOR, Charles. *Multiculturalismo. La politica del riconoscimento*. Milão: Anabasi, 1993. [Ed. port. *Multiculturalismo: examinando a política de reconhecimento*. Lisboa: Piaget, 1998.]

TISMANEAU, Vladimir. *Nationalism, populism, and other threats to liberal democracy in post-communist Europe*. Henry Jackson School of International Studies, 1999.

TOSEL, André. *Démocraties et liberalismes.* Paris: Kimé, 1995.

VECA, Salvatore. *Cittadinanza.* Milão: Feltrinelli, 1990.

VIDAL, Gore. *La Democrazia tradita.* Roma: Fazi, 2004.

WALZER, Michael. *Geografia della morale. Democrazia, tradizioni e universalismo.* Bari: Dedalo, 1999.

WARE, Alan. *Political Parties and Party Systems.* Oxford: Oxford University Press, 1996.

WILENSKY, Harold; TURNER, Lowell. *Democratic Corporatism and Policy Linkages: the Interdependence of Industrial, Labour-market, Incomes and Social Policies in Eight Countries.* Berckeley: University of California Press, 1987.

WILLIAMS, M. *Cittadinanza e diritti nelle società multiculturali.* Bolonha: Il Mulino, 1994.

YOUNG, Iris Marion. *Inclusion and Democracy.* Oxford University Press, 2002.

ZAKARIA, Fareed. *The Future of Freedom: Illiberal Democracy ai Home and Abroad.* W. W. Norton & Company, 2004.

ZAKARIA, Fareed. The Rise of Illiberal democracy. *Foreign Affairs*, v. 76, n. 6, November/December 1997, p. 22-43.

ZANONE, Valerio. *La democrazia liberale e la democrazia comunitaria* (1997) [online nel sito della Fondazione Einaudi di Roma].

ZIMMERMAN, Joseph. *Participatory Democracy: Populism Revived.* Praeger Publishers, 1986.

ZOLO, Danilo. *Il principato democratico: per una teoria realistica della democrazia.* Milão: Feltrinelli, 1992.

Bibliografias sobre liberalismo e sobre democracia

Bibliografia. *In*: VITALE, Ermanno. *Liberalismo e multiculturalismo.* Bari: Laterza, 2000. (p. 191-201)

Bibliografia. *In*: MÉNY, Yves; SUREL, Yves. *Populismo e democrazia.* Bolonha: Il Mulino, 2001. (p. 293-304)

Bibliografia essenziale. *In*: CARTER, Ian; RICCIARDI, Mario (Org.). *L'idea di libertà.* Milão: Feltrinelli, 1996. (p. 193-202)

Bibliography publicada como apêndice ao verbete "Liberalism" redigido por Gerald Gaus e Shane D. Courtland para a *Stanford Encyclopedia of Philosophy, on-line*, 2003. (3 páginas)

Books on Democracy. Disponível no site da Reading University, 2001. (26 páginas)

Democracy Bibliography. Redigida em inglês pelo estudioso norueguês Dan Banik. Disponível no site da Universidade de Oslo. (11 páginas)

Democrazia: le teorie contemporanee. Org. Aldo Trucchio, no site internet da Universidade de Nápoles. (8 páginas)

Libéralisme: bibliographie générale. Preparada por Roger Charland para *Hermès: revue critique.* Disponível em: presentation-de-hermees-revue-critique-numero-9-par-roger-charland. 2001. (12 páginas)

Referências bibliográficas. *In*: MARCO, Costantino (com introdução de Ernst Nolte), *Libertà e liberalismo. Pensiero e politica della ragione in Occidente.* Lungro di Cosenza: Marco Editore, 2004. (p. 439-450)

UNESCO Publications and Documents on Democracy. Selected Bibliography 1990-2005. Disponível no site da UNESCO. (6 páginas)

E os mais de 663 títulos (entre livros e artigos em revistas) que podem ser encontrados no site da Amazon (amazon.com), no campo de busca "filosofia e liberalismo", e os 11.233 títulos na busca "democracia". [Essa pesquisa foi feita pelo organizador da edição italiana, em setembro de 2005. (N.T.)]

Este livro foi impresso pela Gráfica PlenaPrint
em fonte Garamond Premier Pro sobre papel Pólen Bold 70 g/m²
para a Edipro.